Inhalt

HTTP – kurz & gut

Dieses Buch beschreibt HTTP, das Hypertext Transfer Protocol. Neben einer Beschreibung der Funktionsweise des Protokolls finden Sie Referenzinformationen zu Clientanfragen (Request) und Serverantworten (Response). Sie finden hier Dumps von HTTP-Transaktionen, aber auch tabellarische Übersichten, die die meisten der standardisierten HTTP-Parameter zusammenfassen.

HTTP – kurz & gut richtet sich an Systemadministratoren, Website-Entwickler und Informatiker. Das Verständnis von HTTP erleichtert dem Systemadministrator die Konfiguration und das Debugging von Websites. Webdesigner können Dienste implementieren, die das Protokoll besser nutzen und die Interaktion zwischen Webclient und -server optimieren. Für Informatiker, die HTTP selbst implementieren müssen, wird dieses Buch aufgrund seiner kurzen und kompakten Beschreibung des Protokolls von Nutzen sein.

Was ist HTTP?

HTTP ist das Protokoll, auf dem das World Wide Web beruht. Bei jeder Web-Transaktion wird HTTP aufgerufen. HTTP steckt hinter jedem Request eines Web-Dokuments oder einer -Grafik, hinter jedem Klick auf einen Hypertext-Link und jeder Übertragung eines Formulars. Im Web geht es um die Verteilung von Informationen über das Internet, und HTTP ist das Protokoll, mit dessen Hilfe diese Verteilung erfolgt.

HTTP ist nützlich, weil es Computern ein standardisiertes Verfahren bietet, miteinander zu kommunizieren. HTTP legt fest, wie Clients Daten anfordern und wie Server auf diese Requests zu antworten haben. Wenn Sie verstehen, wie HTTP funktioniert, können Sie die folgenden Dinge tun:

- Webserver manuell abfragen und Informationen empfangen, die Webbrowser normalerweise vor dem Benutzer verstecken. Mit diesen Informationen sind Sie in der Lage, die Konfiguration und die Fähigkeiten eines bestimmten Servers besser zu verstehen. Sie können auf diese Weise Konfigurationsfehler des Servers oder Fehler in Programmen untersuchen, die von diesem Server aufgerufen werden.

- Die Interaktion zwischen Webclients (Browsern, Robotern usw.) und Webservern verstehen.

- Webdienste so optimieren, daß sie das Protokoll besser ausnutzen.

HTTP-Transaktionen

Dieser Abschnitt stellt eine typische Web-Transaktion vor und verdeutlicht den zwischen Client und Server geführten Dialog.

Requests

Der URL

```
http://hypothetical.ora.com:80/
```

wird vom Browser wie folgt interpretiert:

http://
> Verwende HTTP, das Hypertext Transfer Protocol.

hypothetical.ora.com
> Stelle über das Netzwerk den Kontakt zu einem Computer namens *hypothetical.ora.com* her.

:80
> Stelle die Verbindung über Port 80 des Computers her. Die Portnummer kann jede gültige IP-Portnummer zwischen 1 und

65535 (einschließlich) sein.[1] Fehlen Doppelpunkt und Port-nummer, wird die HTTP-Standardportnummer 80 angenom-men.

Alles, was auf den Hostnamen und die optionale Portnummer folgt, wird als Dokumentenpfad betrachtet. In unserem Bei-spiel lautet der Dokumentenpfad /.

Der Browser stellt also die Verbindung zu *hypothetical.ora.com* an Port 80 her und nutzt dabei das HTTP-Protokoll. Die vom Browser an den Server übertragene Nachricht sieht wie folgt aus:

```
GET / HTTP/1.1
Accept: image/gif, image/x-xbitmap, image/jpeg, image/pjpeg, */*
Accept-Language: en-us
Accept-Encoding: gzip, deflate
User-Agent: Mozilla/4.0 (compatible; MSIE 5.01; Windows NT)
Host: hypothetical.ora.com
Connection: Keep-Alive
```

Sehen wir uns an, was uns diese Zeilen sagen:

1. Die erste Zeile des Requests (GET / HTTP/1.1) fordert vom Ser-ver ein Dokument an, das im Pfad / liegt. HTTP/1.1 wird als die Version des HTTP-Protokolls angegeben, die der Browser ver-wendet.

2. Die zweite Zeile teilt dem Server mit, welche Arten von Doku-menten vom Browser akzeptiert werden.

3. Die dritte Zeile gibt an, daß Englisch die bevorzugte Sprache ist. Dieser Header erlaubt es dem Client, eine Präferenz für eine oder mehrere Sprachen anzugeben, falls der Server das Doku-ment in mehreren Sprachen vorliegen haben sollte.

4. Die vierte Zeile gibt an, daß der Client weiß, wie gzip- oder deflate-komprimierte Antworten vom Server zu interpretieren sind.

---

1 Ausgehend von der IP-Version 4, der im Moment am weitesten verbreiteten IP-Version.

5. In der fünften Zeile, die mit dem String `User-Agent` beginnt, gibt sich der Client selbst als Mozilla Version 4.0 für Windows NT aus. In Klammern gibt er dann aber zu, in Wirklichkeit Microsoft Internet Explorer Version 5.01 zu sein.

6. Die sechste Zeile teilt dem Server mit, wie nach Meinung des Clients der Hostname des Clients lautet. Dieser Header ist bei HTTP 1.1 ein Muß, bei HTTP 1.0 aber optional. Da der Server mehrere Hostnamen besitzen kann, gibt der Client auf diese Weise an, welcher Hostname gemeint ist. In einer solchen Umgebung kann ein Webserver für jeden Hostnamen einen anderen Dokumentenpfad verwenden. Gibt der Client den Hostnamen des Servers nicht an, ist der Server nicht in der Lage, den zu verwendenden Dokumentenpfad zu bestimmen.

7. Die siebte Zeile (`Connection:`) weist den Server an, die TCP-Verbindung offenzuhalten, bis deren Abbau explizit angefordert wird. Unter HTTP 1.1 hält der Server sie standardmäßig offen, bis der Client angibt, daß die Verbindung unterbrochen werden soll. Das Standardverhalten unter HTTP 1.0 besteht hingegen darin, die Verbindung nach Beantwortung des Client-Requests zu unterbrechen. Details finden Sie im Abschnitt »Persistente Verbindungen« an anderer Stelle in diesem Buch.

Zusammen bilden diese sieben Zeilen einen *Request*. Die Zeilen zwei bis sieben sind die sog. *Request Header*. Die einzelnen Header werden im Abschnitt »Header« ausführlicher beschrieben.

Responses

Bei einem Request, wie dem gerade erläuterten, sucht der Server nach der mit »/« assoziierten Ressource und gibt diese zusammen mit einigen Header-Informationen in einer Response zurück. Die mit dem URL assoziierte Ressource ist von der Implementierung des Servers abhängig. Es kann sich um eine statische, aber auch um eine dynamisch generierte Datei handeln. In unserem Beispiel gibt der Server folgendes zurück:

```
HTTP/1.1 200 OK
Date: Mon, 06 Dec 1999 20:54:26 GMT
Server: Apache/1.3.6 (Unix)
Last-Modified: Fri, 04 Oct 1996 14:06:11 GMT
ETag: "2f5cd-964-381e1bd6"
Accept-Ranges: bytes
Content-length: 327
Connection: close
Content-type: text/html

<title>Beispiel-Homepage</title>
<img src="/images/oreilly_mast.gif">
<h1>Willkommen</h1>
Hallo! Hier eine einfache Webseite. Sie ist
zugegebenerma&szlig;en nicht so elegant wie einige andere
Webseiten im Netz, besitzt aber einige typische Merkmale:

<ul>
  <li> Eine Grafik,
  <li> etwas Text
  <li> und einen  <a href="/example2.html"> Hyperlink. </a>
</ul>
```

Wenn Sie sich diese Response ansehen, sehen Sie, daß die Antwort mit einer Reihe von Zeilen beginnt, in denen Informationen über das Dokument und den Server selbst enthalten sind. Nach einer Leerzeile wird das eigentliche Dokument zurückgegeben. Die Zeilen 2 bis 9 werden *Response-Header* genannt und der auf die erste Leerzeile folgende Teil wird als *Body* oder *Entity* (oder auch als *Entity-Body*) bezeichnet. Sehen wir uns die Header-Informationen an:

1. Die erste Zeile, HTTP/1.1 200 OK, teilt dem Client mit, welche Version des HTTP-Protokolls vom Server verwendet wird. Wichtiger ist aber die Rückgabe des Statuscodes 200. Dieser besagt, daß das Dokument gefunden wurde und in der Response enthalten ist.

2. Die zweite Zeile gibt das aktuelle Datum des Servers an. Die Zeitangabe basiert immer auf der GMT (Greenwich Mean Time).

3. Die dritte Zeile teilt dem Client mit, welche Art von Software der Server nutzt. In diesem Fall ist der Server ein Apache Version 1.3.6 unter Unix.

4. Die vierte Zeile enthält das Datum der letzten Modifikation des vom Client angeforderten Dokuments. Diese Modifikationszeit wird häufig zu Caching-Zwecken genutzt. Ein Browser muß auf diese Weise eine HTML-Datei nicht erneut vollständig einlesen, wenn sich deren Modifikationszeit nicht verändert hat.

5. Die fünfte Zeile enthält ein Entitäts-Tag. Dieses versorgt den Webclient mit einer eindeutigen ID für die Server-Ressource. Es ist höchst unwahrscheinlich, daß zwei unterschiedliche Server-Ressourcen das gleiche Entitäts-Tag aufweisen. Dieses Tag bildet einen sehr leistungsfähigen Caching-Mechanismus.

6. Die sechste Zeile zeigt dem Browser an, daß der Server in der Lage ist, einzelne Teile eines Dokuments zurückzugeben, anstatt bei jedem Request das gesamte Dokument zurückzuliefern. Das ist nützlich für die Rückgabe einzelner Datensätze in einem Dokument, was für Datenbank- und Multimedia-Streaming-Anwendungen von Interesse ist.

7. Die siebte Zeile teilt dem Client mit, wie viele Bytes der eigentliche Body enthält, der auf den Header folgt. In unserem Beispiel ist der Entitäts-Body 327 Byte lang.

8. Die achte Zeile kündigt an, daß die Verbindung beendet wird, nachdem der Server geantwortet hat. Möchte der Client einen weiteren Request senden, muß er eine weitere Verbindung mit dem Server herstellen.

9. Die neunte Zeile (Content-type) teilt dem Browser mit, welche Art von Dokument der Server in der Response zurückliefert. In diesem Fall handelt es sich um HTML.

Auf diese Informationen folgen eine Leerzeile und das eigentliche Dokument. Abbildung 1: verdeutlicht diese Transaktion.

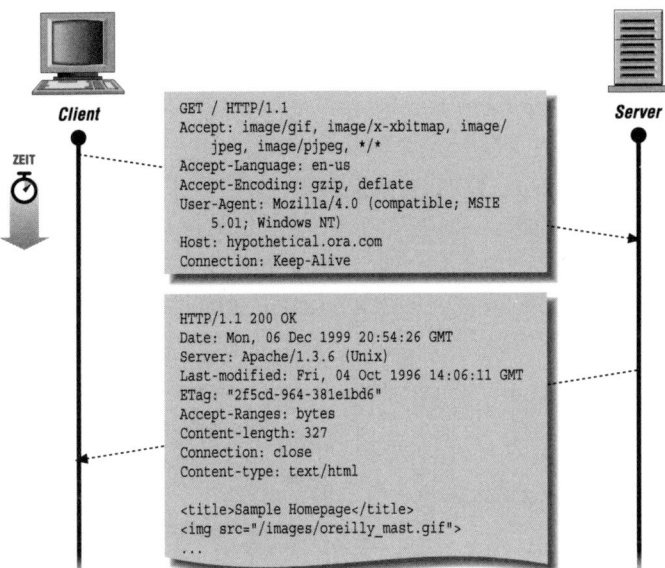

```
Client                                                              Server

ZEIT
      GET / HTTP/1.1
      Accept: image/gif, image/x-xbitmap, image/
          jpeg, image/pjpeg, */*
      Accept-Language: en-us
      Accept-Encoding: gzip, deflate
      User-Agent: Mozilla/4.0 (compatible; MSIE
          5.01; Windows NT)
      Host: hypothetical.ora.com
      Connection: Keep-Alive


      HTTP/1.1 200 OK
      Date: Mon, 06 Dec 1999 20:54:26 GMT
      Server: Apache/1.3.6 (Unix)
      Last-modified: Fri, 04 Oct 1996 14:06:11 GMT
      ETag: "2f5cd-964-381e1bd6"
      Accept-Ranges: bytes
      Content-length: 327
      Connection: close
      Content-type: text/html

      <title>Sample Homepage</title>
      <img src="/images/oreilly_mast.gif">
      ...
```

Abbildung 1: Eine einfache Transsaktion

HTML-Parsing

Das Dokument liegt (wie es die Content-type-Zeile verspricht) in HTML vor. Der Browser empfängt das Dokument und bereitet es entsprechend auf – so wird zum Beispiel jedes <li>-Element zwischen dem <ul> und </ul> mit einem Gliederungspunkt versehen und eingerückt, das <img>-Tag gibt eine Grafik aus usw.

Zur Verarbeitung des Image-Tags initiiert der Browser einen weiteren HTTP-Request, um die Grafik einzulesen. Wenn der Server die Grafik zurückgibt, liefert er auch einen Content-type-Header mit, der das Format der Grafik angibt (z.B. image/gif). Aus dem deklarierten Content-Type kann der Browser die Art der empfangenen Grafik bestimmen und entsprechend rendern. Der Browser sollte den Typ nicht aufgrund des Dokumentenpfades erraten wollen. Es ist die Aufgabe des Servers, das dem Client mitzuteilen.

Der wichtige Aspekt, den es bei der HTML-Aufbereitung und dem Rendern von Grafiken zu beachten gilt, ist die Tatsache, daß diese Dinge clientseitig erfolgen. Der Server liefert nur Dokumente zurück, während der Browser dafür verantwortlich ist, wie sie sich dem Benutzer präsentieren.

Struktur von HTTP-Transaktionen

Ganz allgemein entsprechen alle Client-Requests und Server-Responses der in Abbildung 1: aufgeführten Struktur.

Abbildung 2: zeigt die Struktur eines Client-Requests.

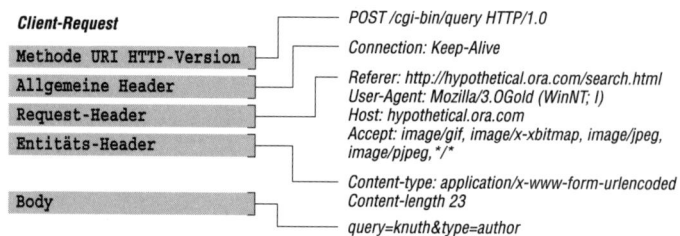

Abbildung 2: Struktur eines Client-Requests

HTTP-Transaktionen müssen nicht alle Header verwenden. Tatsächlich ist es möglich, einige HTTP-Requests auszuführen, die überhaupt keine Header-Informationen übergeben. Im allereinfachsten Fall reicht ein Request wie GET / HTTP/1.0 ohne jegliche Header aus, um von den meisten Clients verstanden zu werden.[2]

HTTP-Requests bestehen aus den folgenden allgemeinen Komponenten:

---

2 Die Verwendung von HTTP 1.1 ist gegenüber der Version 1.0 vorzuziehen. Im Fall von HTTP 1.1 ist ein GET / HTTP/1.1 zusammen mit einem Host-Header die minimal notwendige Information für einen HTTP-1.1-Request.

1. Die erste Zeile teilt dem Client mit, welche *Methode* zu verwenden ist, auf welche Entität (Dokument) sie anzuwenden ist und welche HTTP-Version der Client verwendet. Die bei HTTP 1.1 möglichen Methoden sind GET, POST, HEAD, PUT, LINK, UNLINK, DELETE, OPTIONS und TRACE. Bei HTTP 1.0 werden die Methoden OPTIONS und TRACE nicht unterstützt. Nicht alle Methoden müssen von einem Server unterstützt werden.

   Der URL gibt die Position des Dokuments an, auf das die Methode anzuwenden ist. Jeder Server kann eine eigene Art der Übersetzung eines URL-Strings in irgendeine Form nutzbarer Ressource verwenden. Zum Beispiel kann ein URL ein Dokument repräsentieren, das zum Client zu übertragen ist. Oder der URL kann auf ein Programm abgebildet werden, dessen Ausgabe an den Client geschickt wird.

   Abschließend gibt der letzte Eintrag der ersten Zeile die vom Client verwendete HTTP-Version an.

2. Allgemeine Message-Header sind optionale Header, die sowohl in Client-Requests als auch in Server-Responses verwendet werden. Sie enthalten allgemeine Informationen wie die aktuelle Zeit oder den Pfad durch ein Netzwerk, der von Client und Server verwendet wird.

3. Request-Header liefern dem Server zusätzliche Informationen über den Client. Der Client kann sich und den Benutzer gegenüber dem Server identifizieren und die bevorzugten Dokumentenformate angeben, mit denen er vom Server versorgt werden möchte.

4. Entitäts-Header werden verwendet, wenn eine Entität (ein Dokument) übertragen werden soll. Sie enthalten Informationen über die Entität, wie beispielsweise die Codierungsschemata, Länge, Typ und Ursprung.

Nun zu den Server-Responses. Abbildung 3: verdeutlicht die Struktur einer Server-Response.

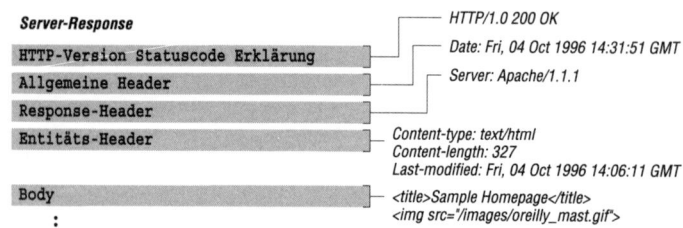

Abbildung 3: Struktur einer Server-Response

Bei der Server-Response sind die allgemeinen Header und die Entitäts-Header die gleichen wie bei einem Client-Request. Der eigentliche Body entspricht dem eines Client-Requests, nur daß er als Response verwendet wird.

Der erste Teil der ersten Zeile gibt an, welche HTTP-Version der Server verwendet. Der Server wird alles versuchen, um so kompatibel wie möglich mit der vom Client verwendeten HTTP-Version zu sein. Der Statuscode zeigt das Ergebnis des Requests an. Die Beschreibung enthält eine für uns Menschen verständliche Erklärung des Statuscodes.

Der Response-Header informiert den Client über die Konfiguration des Servers. Er teilt dem Client mit, welche Methoden unterstützt werden, fordert eine Autorisierung an oder bittet den Client, es später noch einmal zu versuchen.

Client-Methoden

Eine Client-Request-Methode ist ein *Befehl* oder *Request*, den ein Webclient an einen Server schickt. Stellen Sie sich die Methode als Bekanntgabe der Absichten des Clients vor. Natürlich gibt es Ausnahmen, aber einiges kann man doch verallgemeinern:

- Stellen Sie sich einen GET-Request als ein Mittel vor, mit dessen Hilfe Sie eine Ressource vom Server empfangen können. Diese Ressource kann der Inhalt einer statischen Datei sein oder der Aufruf eines Daten erzeugenden Programms.

- Ein HEAD-Request bedeutet, daß Sie einige Informationen über das Dokument wünschen, das Dokument selbst aber nicht benötigen.

- Ein POST-Request besagt, daß Sie selbst einige Informationen bereitstellen (wird üblicherweise bei Formularen verwendet). Das verändert typischerweise den Status des Servers in irgendeiner Form. Beispielsweise könnte ein Datensatz in einer Datenbank eingefügt werden.

- PUT wird verwendet, um ein neues Dokument auf dem Server abzulegen oder um ein altes zu ersetzen.

- DELETE wird verwendet, um ein Dokument vom Server zu entfernen.

- TRACE fordert Proxies auf, sich in den Headern zu zeigen. Auf diese Weise kann der Client den Pfad ermitteln, den das Dokument genommen hat (und feststellen, ob etwas verloren wurde oder durcheinander gekommen ist). TRACE wird zum Protokoll-Debugging verwendet.

- OPTIONS wird verwendet, wenn der Client wissen möchte, welche anderen Methoden für das Dokument (oder für den Server insgesamt) verwendet werden können.

- CONNECT wird verwendet, wenn der Client mit einem HTTPS-Server über einen Proxy-Server kommunizieren muß.

Andere mögliche HTTP-Methoden (LINK, UNLINK und PATCH) sind weniger klar definiert.

GET: Ein Dokument abrufen

Die GET-Methode fordert ein Dokument von einer bestimmten Position des Servers an. Das ist die Hauptmethode zum Herunterladen eines Dokuments. Die Antwort auf einen GET-Request kann vom Server auf verschiedenste Weise generiert werden.

Die Response könnte zum Beispiel aus den folgenden Quellen stammen:

- einer für den Webserver erreichbaren Datei

- der Ausgabe eines CGI-Skripts oder einer Server-Erweiterung wie NSAPI, ISAPI, Apache-Modulen, Java Server Pages, Active Server Pages usw.

- dem Ergebnis einer Server-Berechnung, etwa der Echtzeit-Dekomprimierung von Online-Dateien.

- von einer Hardware-Einheit gelieferten Informationen, beispielsweise von einer Videokamera

Nachdem der Client die GET-Methode in seinem Request verwendet hat, antwortet der Server mit einer Statuszeile, Headern und den vom Client angeforderten Daten. Kann der Server den Request nicht verarbeiten, z.B. wegen eines Fehlers oder einer fehlenden Autorisierung, sendet der Server üblicherweise eine Erklärung im Body der Response.

Ein Beispiel:

```
GET / HTTP/1.1
Accept: image/gif, image/x-xbitmap, image/jpeg, image/pjpeg, */*
Accept-Language: en-us
Accept-Encoding: gzip, deflate
User-Agent: Mozilla/4.0 (compatible; MSIE 5.01; Windows NT)
Host: hypothetical.ora.com
Connection: Keep-Alive
```

Der Server antwortet mit:

```
HTTP/1.1 200 OK
Date: Mon, 06 Dec 1999 20:54:26 GMT
Server: Apache/1.3.6 (Unix)
Last-Modified: Fri, 04 Oct 1996 14:06:11 GMT
ETag: "2f5cd-964-381e1bd6"
Accept-Ranges: bytes
Content-length: 327
Connection: close
Content-Type: text/html
```

```
(eigentliches Dokument folgt hier)
```

HEAD: Header-Informationen abrufen

Die HEAD-Methode ähnelt funktional dem GET, der Server antwortet mit einer Response-Zeile und den Headern, gibt aber den Body nicht zurück. Die vom Server durch die HEAD-Methode zurückgegebenen Header sollten denen eines GET-Requests genau entsprechen. Diese Methode wird von Webclients häufig genutzt, um die Existenz eines Dokuments oder dessen Eigenschaften (wie Content-length oder Content-type) zu überprüfen. Der Client hat dabei aber kein Interesse daran, das eigentliche Dokument abzurufen. Es gibt viele Anwendungen für die HEAD-Methode, die den Abruf der folgenden Informationen ermöglichen:

- Modifikationszeit eines Dokuments zu Caching-Zwecken

- Größe des Dokuments. Nützlich für das Seiten-Layout, die Berechnung der Ladezeit oder den Verzicht auf das Dokument zugunsten einer kleineren Version.

- Typ des Dokuments. Ermöglicht dem Client die Untersuchung von Dokumenten eines bestimmten Typs.

- Typ des Servers. Erlaubt besonders angepaßte Server-Abfragen.

Es ist wichtig zu bemerken, daß die von einem Server bereitgestellten Header-Informationen optional sind, also nicht von allen Servern zur Verfügung gestellt werden.

Ein Beispiel:

```
GET / HTTP/1.1
Accept: image/gif, image/x-xbitmap, image/jpeg, image/pjpeg, */*
Accept-Language: en-us
Accept-Encoding: gzip, deflate
User-Agent: Mozilla/4.0 (compatible; MSIE 5.01; Windows NT)
Host: hypothetical.ora.com
Connection: Keep-Alive
```

Der Server antwortet mit:

```
HTTP/1.1 200 OK
Date: Mon, 06 Dec 1999 20:54:26 GMT
Server: Apache/1.3.6 (Unix)
Last-Modified: Fri, 04 Oct 1996 14:06:11 GMT
ETag: "2f5cd-964-381e1bd6"
Accept-Ranges: bytes
Content-length: 327
Connection: close
Content-type: text/html
```

Beachten Sie, daß der Server nach den Headern keine weiteren
Informationen zurückliefert.

POST: Daten zum Server senden

Die POST-Methode erlaubt dem Client die Angabe von Daten, die
an irgendein Programm zur Verarbeitung übergeben werden sollen, auf das der Server zugreifen kann. Diese Methode kann in vielen Anwendungen eingesetzt werden. POST kann zum Beispiel
verwendet werden, um Daten für folgende Anwendungen zur
Verfügung zu stellen:

- CGI-Programme

- Gateways zu Netzwerkdiensten, etwa zu einem NNTP-Server

- Kommandozeilen-orientierte Schnittstellen-Programme

- Kommentierung von Dokumenten auf dem Server

- Datenbankoperationen

In der Praxis wird POST zusammen mit CGI-Programmen verwendet, die eine Schnittstelle zu anderen Ressourcen wie Netzwerkdiensten und Kommandozeilen-Programmen bilden. In Zukunft
könnte POST direkt mit einer breiteren Auswahl von Server-Ressourcen gekoppelt werden.

Bei einem POST-Request befinden sich die an den Server übertragenen Daten im Body des Client-Requests. Nachdem der Server
den POST-Request und die Header verarbeitet hat, kann er den
Body zur Weiterverarbeitung an ein anderes Programm (das durch

den URL angegeben wurde) weiterreichen. In einigen Fällen kann die servereigene API die Daten verarbeiten, so daß diese nicht an ein externes Programm weitergereicht werden müssen.

POST-Requests sollten einen Content-type-Header beinhalten, der das Format des Bodys beschreibt. Das am häufigsten verwendete Format für POST ist die für CGI-Anwendungen verwendete URL-Codierung. Sie ermöglicht die Übersetzung von Formulardaten in eine Liste aus Variablen und Werten. Formulare unterstützende Browser übertragen Daten im URL-codierten Format. Nehmen wir zum Beispiel das folgende HTML-Formular:

```
<title>Neuen Account anlegen</title>
<center><hr><h1>Account anlegen</h1><hr></center>
<form method="post" action="/cgi-bin/create.pl">
<pre>
<b>
Benutzername: <INPUT NAME="user" MAXLENGTH="20" SIZE="20">
Passwort: <INPUT NAME="pass1" TYPE="password"
    MAXLENGTH="20" SIZE="20">
(Passwort noch einmal wiederholen) <INPUT NAME="pass2"
    TYPE="password" MAXLENGTH="20" SIZE="20">
</b>
</pre>
<INPUT TYPE="submit" VALUE="Account anlegen">
<input type="reset" value="Neu eingeben">
</form>
```

Wir geben nun einige Werte ein und übertragen das Formular. Als Benutzernamen geben wir util-tester ein. Als Paßwort haben wir (zweimal) 1234 verwendet. Bei der Übertragung sendet der Client folgendes:

```
POST /cgi-bin/create.pl  HTTP/1.1
Host: examples.ora.com
Referer: http://examples.ora.com/create.html
Accept: image/gif, image/x-xbitmap, image/jpeg, image/pjpeg, */*
Content-type: application/x-www-form-urlencoded
Content-length: 38

user=util-tester&pass1=1234&pass2=1234
```

Nun sind die im Formular definierten Variablen mit den vom
Benutzer eingegebenen Werten verknüpft worden. Diese Informationen werden dem Server dann im URL-codierten Format übergeben, das nachfolgend beschrieben wird.

Der Server erkennt, daß der Client die POST-Methode verwendet
hat, verarbeitet den URL, führt das mit dem URL verknüpfte Programm aus und übergibt den Entitäts-Body des Clients über eine
Pipe an ein Programm namens */cgi-bin/create.pl*. Der Server bildet
diese »Webadresse« auf die Position eines Programms ab, das üblicherweise in einem eigenen CGI-Verzeichnis (in diesem Fall */cgi-
bin*) abgelegt ist. Das CGI-Programm interpretiert dann die Ein-
gabe als CGI-Daten, decodiert den Body, verarbeitet ihn und gibt
als Response einen Body an den Client zurück:

```
HTTP/1.0 200 OK
Date: Sat, 20-May-95 03:25:12 GMT
Server: NCSA/1.3
MIME-version: 1.0
Content-type: text/html
Last-modified: Wed, 14-Mar-95 18:15:23 GMT
Content-length: 95

<title>Benutzer angelegt</title>
<h1>Der Account util-tester wurde angelegt
</h1>
```

URL-codiertes Format

Die POST-Methode ist nicht das einzige Verfahren, mit dem Formulare Informationen übertragen. Formulare können auch die GET-
Methode nutzen und die URL-codierten Daten nach einem Fragezei-
chen an den URL anhängen. Hätte das <form>-Tag die Zeile
method="get" anstelle von method="post" enthalten, hätte der Request wie folgt ausgesehen:

```
GET /cgi-bin/create.pl?user=util-tester&pass1=1234&pass2=1234
    HTTP/1.1
Host: examples.ora.com
Referer: http://examples.ora.com/create.html
Accept: image/gif, image/x-xbitmap, image/jpeg, image/pjpeg, */*
```

Das ist einer der Gründe, warum die von einem CGI-Programm gesendeten Daten in einem speziellen Format vorliegen: weil sie an den URL selbst angehängt werden können, dürfen sie keine Sonderzeichen wie Leerzeichen, Newlines etc. enthalten. Aus diesem Grund werden sie *URL-codiert* genannt.

Das URL-codierte Format wird von den Clients durch den Content-type *application/x-www-form-urlencoded* eingeleitet. Es besteht aus einer einzigen Zeile, in der die Variablennamen und die entsprechenden Werte zusammengefaßt sind. Variable und Wert werden jeweils durch ein Gleichheitszeichen (=) voneinander getrennt, während jedes Variable/Wert-Paar durch ein Kaufmanns-Und (Ampersand, &) voneinander getrennt wird. Im obigen Beispiel gibt es die drei Variablen user, pass1 und pass2. Die zugehörigen Werte lauten util-tester, 1234 und 1234. Die Codierung sieht wie folgt aus:

```
user=util-tester&pass1=1234&pass2=1234
```

Möchte der Client Zeichen übertragen, die eigentlich eine spezielle Bedeutung haben (etwa das Ampersand oder das Gleichheitszeichen), ersetzt er das entsprechende Zeichen durch ein Prozentzeichen (%), gefolgt vom ASCII-Wert des Zeichens in Hexadezimal (Basis 16). Auf diese Weise wird die Mehrdeutigkeit eines Zeichens aufgehoben. Die einzige Ausnahme bildet das Leerzeichen (ASCII 32), das als Pluszeichen (+), aber auch mit %20 angegeben werden kann. Das bevorzugte Format ist %20 anstelle des Pluszeichens.

Erhält der Server Informationen aus einem Formular, übergibt er sie an ein CGI-Programm, das das URL-codierte Format decodiert, um die vom Benutzer eingegebenen Werte zu bestimmen.

Upload von Dateien mit POST

POST ist nicht auf den Inhaltstyp *application/x-www-form-urlencoded* beschränkt. Betrachten Sie den folgenden HTML-Code:

```
<form method="post" action="post.pl"
    enctype="multipart/form-data">
Datei zum Upload angeben:<br>
```

```
<input name="thefile" type="file"><br>
<input name="OK" type="submit">
</form>
```

Mit diesem Formular kann der Benutzer eine Datei auswählen und sie auf den Server heraufladen. Beachten Sie, daß das <form>-Tag ein enctype-Attribut enthält, das den Codierungstyp *multipart/ form-data* anstelle des Standardtyps *application/x-www-form-urlencoded* festlegt. Dieser Codierungstyp wird vom Browser als Inhaltstyp verwendet, wenn das Formular übertragen wird. Nehmen wir zum Beispiel an, daß wir eine Datei namens *hi.txt* mit dem Text »hi there« erzeugt und in *c:/temp/* abgelegt haben. Wir geben diese Datei im HTML-Formular an und klicken den OK-Button an. Der Browser sendet dann folgendes:

```
POST /cgi-bin/post.pl HTTP/1.0
Referer: http://hypothetical.ora.com/clinton/upload.html
Connection: Keep-Alive
User-Agent: Mozilla/3.01Gold (WinNT; U)
Host: hypothetical.ora.com
Accept: image/gif, image/x-xbitmap, image/jpeg, image/pjpeg, */*
Content-type: multipart/form-data; boundary=
-------------------------11512135131576
Content-Length: 313

-------------------------11512135131576
Content-Disposition: form-data; name="done"

Submit Query
-------------------------11512135131576
Content-Disposition: form-data; name="thefile";
filename="c:\temp\hi.txt"
Content-Type: text/plain

hi there

-------------------------11512135131576--
```

Der Body des Requests ist eine aus mehreren Teilen (multipart) bestehende MIME-Nachricht (Multipurpose Internet Mail Extensions). Details finden Sie in RFC 1867.

PUT: Body an URL speichern

Verwendet ein Client die PUT-Methode, dann möchte er, daß der enthaltene Body auf dem Server an dem angegebenen URL abgelegt wird. Bei HTML-Editoren ist es auf diese Weise möglich, Dokumente auf dem Server mit Hilfe der PUT-Methode zu veröffentlichen. Nehmen wir zum Beispiel an, ein Benutzer hätte eine HTML-Datei mit seinem HTML-Editor entwickelt, das Dokument unter *C:\temp\example.html* gesichert und unter *http://publish. ora.com/example.htm* veröffentlicht.

Klickt der Benutzer den OK-Button an, stellt der Client die Verbindung zu *publish.ora.com* an Port 80 her und überträgt folgendes:

```
PUT /example.html HTTP/1.1
Host: publish.ora.com
Pragma: no-cache
Connection: close
User-Agent: SimplePublish/1.0
Accept: image/gif, image/x-xbitmap, image/jpeg, image/pjpeg, */*
Content-type: text/html
Content-Length: 182

<!DOCTYPE HTML PUBLIC "-//W3C//DTD HTML 3.2//EN">
<HTML>
<HEAD>
   <TITLE></TITLE>
</HEAD>
<BODY>

<H2>Dies ist eine &Uuml;berschrift</H2>

<P>Dies ist ein einfaches HTML-Dokument.</P>

</BODY>
</HTML>
```

Der Server legt den Body unter */example.html* ab und antwortet mit:

```
HTTP/1.0 201 Created
Date: Fri, 04 Oct 1996 14:31:51 GMT
Server: HypotheticalPublish/1.0
Content-type: text/html
```

```
Content-length: 30

<h1>The file was created.</h1>
```

In der Praxis kann ein Webserver vom Client eine Autorisierung verlangen. Die meisten Webmaster werden es nicht erlauben, daß beliebige Clients Dokumente auf dem Server veröffentlichen. Wird der Response-Code »authorization denied« zurückgegeben, fordert der Browser die benötigten Autorisierungsinformationen vom Benutzer an. Nachdem die benötigten Daten eingegeben wurden, sendet der Browser den Request mit zusätzlichen Headern noch einmal. Die zusätzlichen Header enthalten die notwendigen Autorisierungsdaten.

Beachten Sie, daß einige Publishing-Anwendungen vergessen, einen Inhaltstyp im PUT-Request anzugeben. Das entspricht nicht der HTTP-Spezifikation, manche Server-Software kann solche Fehler aber umgehen.

DELETE: URL löschen

Weil PUT neue URLs auf dem Server erzeugt, scheint es durchaus gerechtfertigt, einen Mechanismus zu besitzen, der URLs entsprechend löscht. Die DELETE-Methode macht genau das, was Sie von ihr erwarten.

Ein Client-Request könnte wie folgt aussehen:

```
DELETE /images/logo22.gif HTTP/1.1
Host: hypothetical.ora.com
```

Der Server antwortet bei Erfolg mit einem entsprechenden Statuscode:

```
HTTP/1.0 200 OK
Date: Fri, 04 Oct 1996 14:31:51 GMT
Server: HypotheticalPublish/1.0
Content-type: text/html
Content-length: 21

<h1>URL deleted.</h1>
```

Natürlich wird jeder die DELETE-Methode unterstützende Server höchstwahrscheinlich eine Autorisierung verlangen, bevor er den Request durchführt.

TRACE: Client-Nachricht durch Request-Kette verfolgen

Die TRACE-Methode ermöglicht es einem Programmierer zu erkennen, wie eine Nachricht verändert wird, während sie durch eine Reihe von Proxy-Servern läuft. Der Empfänger einer TRACE-Methode sendet die HTTP-Request-Header an den Client zurück. Wird die TRACE-Methode zusammen mit den Headern Max-Forwards und Via genutzt, kann der Client die Kette der zwischen dem Client und dem Webserver liegenden Proxy-Server bestimmen. Der Request-Header Max-Forwards legt fest, wie viele Proxy-Server zwischen Ausgangspunkt und Ziel liegen dürfen. Jeder Proxy-Server dekrementiert den Wert von Max-Forwards und hängt seine HTTP-Versionsnummer und den Hostnamen an den Via-Header an. Empfängt ein Proxy-Server den Max-Forwards-Wert 0, gibt er die HTTP-Header des Clients als Body zurück und legt dabei den Inhaltstyp mit *message/http* fest. Dieses Feature ähnelt *traceroute*, einem UNIX-Programm zur Bestimmung der Router zwischen zwei Rechnern in einem IP-basierten Netzwerk. HTTP-Clients senden keinen Body, wenn sie einen TRACE-Request absetzen.

Abbildung 4: zeigt das Fortschreiten eines TRACE-Requests. Nachdem der Client den Request abgesetzt hat, empfängt der erste Proxy-Server den Request, dekrementiert den Wert von Max-Forwards um eins, fügt sich selbst zum Via-Header hinzu und leitet den Request an den zweiten Proxy-Server weiter. Der zweite Proxy-Server empfängt den Request, fügt sich in den Via-Header ein und sendet den Request zurück, weil Max-Forwards nun den Wert 0 hat.

OPTIONS: Weitere Optionen für den URL anfordern

Enthält ein Client-Request die OPTIONS-Methode, fordert er eine Liste der Optionen für eine bestimmte Ressource auf dem Server

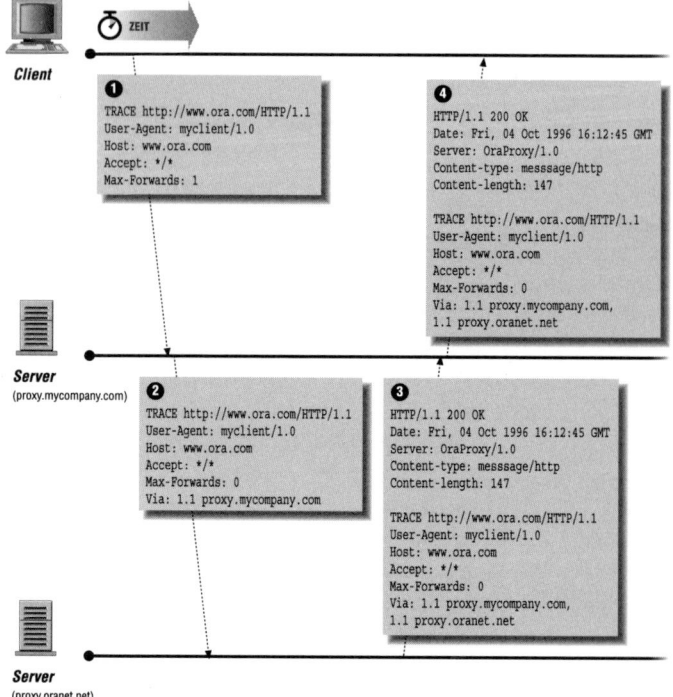

Abbildung 4: Ein TRACE-Request

an. Der Client gibt einen URL für die OPTIONS-Methode an oder verwendet das Sternchen (Asterisk, *), wenn der gesamte Server gemeint ist. Der Server antwortet daraufhin mit einer Liste der Request-Methoden und anderen Optionen, die für die fragliche Ressource gültig sind. Für individuelle Ressourcen wird dabei der Allow-Header verwendet, während für den gesamten Server der Public-Header genutzt wird. Abbildung 5: zeigt ein Beispiel für die OPTIONS-Methode in Aktion.

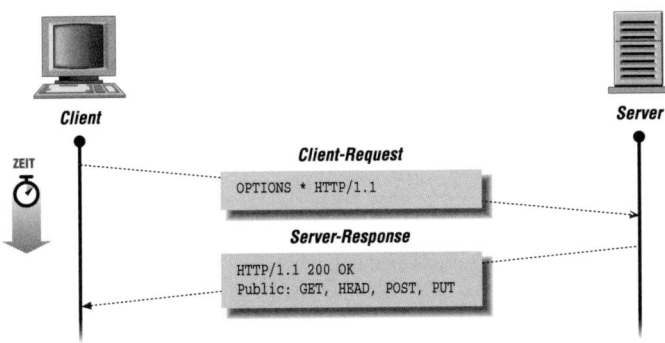

Abbildung 5: Ein OPTIONS-Request

CONNECT: Proxy-Zugriff auf gesicherte Webserver

Möchte ein HTTP-Client die Verbindung zu einem HTTPS-Server herstellen, obwohl diese Verbindung über einen Proxy-Server erfolgt, schickt er ein CONNECT an den Proxy-Server. Zum Beispiel stellt der Client die Verbindung zum Proxy-Server her und gibt dabei folgendes aus:

```
CONNECT www.onsale.com:443 HTTP/1.0
User-Agent: Mozilla/4.08 [en] (WinNT; U ;Nav)
```

Daraufhin antwortet der Server mit:

```
HTTP/1.0 200 Connection established
Proxy-agent: Apache/1.3.9 (Unix)
```

Von nun an wird der gesamte Datenverkehr über SSL verschlüsselt. Der Browser sendet eine weitere HTTP-Nachricht, diesmal innerhalb der Verbindung, die mit CONNECT durch den Proxy-Server aufgebaut wurde. An diesem Punkt leitet der Proxy-Server die Daten zwischen Client und Server nur noch weiter.

Server-Response-Codes

Die erste Zeile einer Server-Response enthält die HTTP-Version, einen aus drei Ziffern bestehenden Statuscode und eine für Menschen verständliche Erläuterung des Ergebnisses. Die Statuscodes sind wie folgt gruppiert:

Codebereich	Bedeutung der Response
100–199	Informative Meldungen
200–299	Client-Request erfolgreich
300–399	Client-Request weitergeleitet. Weitere Aktionen notwendig
400–499	Client-Request unvollständig
500–599	Server-Fehler

HTTP definiert nur einige wenige Codes in den jeweiligen Gruppen, die Weiterentwicklung von HTTP wird aber sicher zu weiteren Codes führen.

Empfängt der Client einen ihm nicht bekannten Response-Code, sollte er die grundsätzliche Bedeutung aus dessen numerischem Wertebereich ableiten können. Während die meisten Webbrowser Codes in den Bereichen 100, 200 und 300 stillschweigend verarbeiten, werden einige Fehlercodes aus den 400er- und 500er-Bereichen dem Benutzer gemeldet (z.B. »404 Not Found«).

Informative Meldungen (Bereich 100)

Vor HTTP 1.1 war der 100er-Bereich der Statuscodes undefiniert. Bei HTTP 1.1 wurde der 100er-Bereich so definiert, daß der Server dem Client mitteilen kann, daß dieser mit einem Request fortfahren kann, oder anzeigen kann, daß zu einem anderen Protokoll gewechselt wird.

Derzeit sind die folgenden Statuscodes definiert:

Code	Bedeutung
100 Continue	Der Anfang des Requests wurde empfangen, und der Client kann mit seinem Request fortfahren.
101 Switching Protocols	Der Server ist mit dem Client-Request einverstanden, zu dem im Upgrade-Header angegebenen Protokoll zu wechseln.

Client-Request erfolgreich (Bereich 200)

Die häufigste Response auf eine erfolgreiche HTTP-Transaktion lautet 200 (OK). Das zeigt an, daß der Client-Request erfolgreich war und die Server-Response die angeforderten Daten enthält. Handelte es sich beim Request um eine GET-Methode, werden die angeforderten Informationen im Datenbereich der Response zurückgegeben. Die HEAD-Methode wird durch Rückgabe der Header-Informationen für den URL beantwortet. Die POST-Methode wird durch Ausführung des Handlers für POST-Daten beantwortet, wobei das Ergebnis im Body zurückgegeben wird.

Die folgende Tabelle enthält eine vollständige Liste der Response-Codes des 200er-Bereichs:

Code	Bedeutung
200 OK	Der Client-Request war erfolgreich, und die Server-Response enthält die angeforderten Daten.
201 Created	Dieser Statuscode wird immer dann verwendet, wenn ein neuer URL angelegt wurde. Bei diesem Ergebniscode wird der Location-Header vom Server geliefert und gibt die Position der neuen Daten an.
202 Accepted	Der Request wurde akzeptiert, aber nicht sofort verarbeitet. Zusätzliche Informationen über die Transaktion können im Body der Server-Response enthalten sein. Es gibt keine Garantie, daß der Server den Request tatsächlich verarbeitet, auch wenn er zum Zeitpunkt der Annahme wie ein zulässiger Request aussah.

Code	Bedeutung
203 Non-Authoritative Information	Die Information im Header stammt aus einer lokalen oder externen Quelle, nicht aber vom eigentlichen Server.
204 No Content	Statuscode und Header sind in der Response enthalten, die Antwort enthält aber keinen Body. Browser sollten Ihre Dokumentenansicht beim Empfang dieser Response nicht aktualisieren. Dieser Code ist für CGI-Programme nützlich, die Daten aus einem Formular einlesen, die Ansicht des Browsers aber im Formular belassen möchten.
205 Reset Content	Der Browser soll den Inhalt des für diese Transaktion verwendeten Formulars für zusätzliche Eingaben zurücksetzen. Für CGI-Anwendungen zur Dateneingabe.
206 Partial Content	Der Server gibt einen Teil des Objekts zurück. Wird in einer Response verwendet, wenn ein Request einen `Range`-Header enthält. Der Server muß den in der Response enthaltenen Wertebereich im `Content-Range`-Header angeben.

Weiterleitung (Bereich 300)

Wurde ein Dokument verschoben, kann der Server so konfiguriert werden, daß er den Clients mitteilt, wohin das Dokument verschoben wurde. Die Clients können den neuen URL dann einlesen, ohne daß der Benutzer es merkt. Natürlich möchte der Client wissen, ob die Verschiebung permanent ist oder nicht, und daher gibt es einige gängige Response-Codes für verschobene Dokumente: 301 (permanent verschoben), 302 (gefunden) und 307 (temporär verschoben).

Der Code 301 teilt dem Client mit, Requests für diesen URL zukünftig direkt an den neuen URL zu senden und so unnötige Transaktionen zu vermeiden. Stellen Sie sich das als eine Art Umzugsmitteilung eines Freundes vor. Die Post ist so freundlich, Ihre Briefe für eine Weile an die neue Adresse weiterzuleiten (wenn Ihr Freund einen Nachsendeantrag gestellt hat), dennoch ist es besser, sie direkt an die neue Adresse zu schicken. Sie kommen früher an und werden nicht eines Tages mit dem Vermerk »unbekannt verzogen« an Sie zurückgeschickt.

Die Codes 302 und 307 besagen hingegen, daß das Dokument verschoben wurde, aber wieder zurückkommt. Wenn 301 eine Umzugsmitteilung ist, dann sind 302 und 307 die »Bin gleich zurück«-Hinweise. In beiden Fällen sollte der Client den neuen URL anfordern, der vom Server im `Location`-Header angegeben wurde, zukünftig aber wieder auf den ursprünglichen URL zurückgreifen.

Hier folgt die vollständige Liste der Statuscodes zur Weiterleitung:

Code	Bedeutung
300 Multiple Choices	Der angeforderte URL verweist auf mehr als eine Ressource. Der URL könnte zum Beispiel auf ein Dokument verweisen, das in mehrere Sprachen übersetzt wurde. Der vom Server zurückgegebene Body könnte eine Liste mit genaueren Daten zur Auswahl des richtigen Dokuments enthalten. Der Client sollte es dem Benutzer ermöglichen, bei Bedarf aus der Liste der vom Server zurückgegebenen URLs zu wählen.
301 Moved Permanently	Der angeforderte URL wird vom Server nicht länger verwendet, und die gewünschte Operation wurde nicht ausgeführt. Die neue Position des angeforderten Dokuments ist im `Location`-Header enthalten. Alle zukünftigen Requests für dieses Dokument sollten den neuen URL verwenden.
302 Found	Dieser Statuscode ist veraltet und dient zum gleichen Zweck wie der Statuscode 307.
303 See Other	Der angeforderte URL ist unter einem anderen URL zu finden (der im `Location`-Header steht) und sollte durch ein GET dieser Ressource abgerufen werden.
304 Not Modified	Das ist der Response-Code auf einen `If-Modified-Since`- oder `If-None-Match`-Header, bei dem der URL seit dem angegebenen Datum nicht verändert wurde. Der Body wird nicht übertragen, und der Client sollte seine lokale Kopie verwenden.

Code	Bedeutung
305 Use Proxy	Der Zugriff auf den angeforderten URL muß über den im Location-Header stehenden Proxy erfolgen.
307 Moved Temporarily	Der angeforderte URL wurde verschoben, aber nur temporär. Der Location-Header enthält die neue Position, über die zukünftige Gültigkeit dieses Redirects wird aber nichts ausgesagt. Der Client sollte auch zukünftig den Original-URL besuchen.

Client-Request unvollständig (Bereich 400)

Manchmal kann der Server einen Request einfach nicht verarbeiten. Entweder stimmt etwas mit dem Dokument oder mit dem Request selbst nicht. Der den Web-Benutzern sicherlich bekannteste Statuscode ist wohl 404 (Not Found). Dieser Code wird zurückgegeben, wenn das angeforderte Dokument nicht existiert. Das liegt nun nicht daran, daß das der von Servern am häufigsten zurückgegebene Code ist, sondern daran, daß das einer der wenigen Codes ist, der vom Client an den Benutzer weitergegeben wird, anstatt abgefangen und intern verarbeitet zu werden.

Sendet der Server zum Beispiel den Code 401 (nicht autorisiert), gibt der Client diesen Code nicht direkt an den Benutzer weiter, sondern fordert vom Benutzer einen Benutzernamen und ein Paßwort an. Der Request wird dann mit diesen zusätzlichen Informationen noch einmal gesendet. Zusammen mit dem Statuscode 401 überträgt der Server den Header WWW-Authenticate, in dem das Authentifizierungsschema und der zu authentifizierende Bereich angegeben sind. Der Client gibt im Gegenzug den Benutzernamen und das Paßwort für dieses Schema und diesen Bereich in seinem Authorization-Header zurück.

Beim Testen selbstentwickelter Clients müssen Sie auf den Code 400 (Fehlerhafter Request) achten, der auf Syntaxfehler im Request des Clients hinweist. Achten Sie auch auf den Code 405 (Methode nicht erlaubt); er deutet an, daß die vom Client für das Dokument verwendete Methode nicht gültig ist. (Zusammen mit dem Code 405 sendet der Server einen Allow-Header, in dem die für dieses

Dokument gültigen Methoden enthalten sind.) Ein Client kann diesen Code empfangen, wenn der Body nicht korrekt übergeben oder (unter HTTP 1.1.) wenn der `Connection: Close`-Header vergessen wurde.

Die folgende Tabelle enthält eine vollständige Liste aller Statuscodes, die auf einen fehlerhaften Request des Clients hinweisen:

Code	Bedeutung
400 Bad Request	Dieser Response-Code gibt an, daß der Server im Request des Clients einen Syntaxfehler entdeckt hat.
401 Unauthorized	Dieser Code wird zusammen mit dem `WWW-Authenticate`-Header zurückgegeben. Er zeigt an, daß dem Request die richtige Autorisierung fehlt und daß der Client beim nächsten Request dieses URLs die richtigen Autorisierungsdaten mit übermitteln soll. Die Beschreibung des `Authorization`-Headers gibt Aufschluß darüber, wie die Autorisierung unter HTTP funktioniert.
402 Payment Required	Dieser Code ist unter HTTP noch nicht implementiert.
403 Forbidden	Dieser Request wurde aus Gründen abgelehnt, die der Server dem Client nicht mitteilen kann (oder will).
404 Not Found	Das Dokument am angegebenen URL existiert nicht.
405 Method Not Allowed	Dieser Code wird zusammen mit einem `Allow`-Header übertragen und gibt an, daß die vom Client verwendete Methode für diesen URL nicht unterstützt wird.
406 Not Acceptable	Der vom Client angegebene URL existiert, aber nicht in dem vom Client bevorzugten Format. Zusammen mit diesem Code liefert der Server die Header `Content-Language`, `Content-Encoding` und `Content-type` zurück.
407 Proxy Authentication Required	Der Proxy-Server muß diesen Request autorisieren, bevor er ihn weiterleiten kann. Wird zusammen mit dem `Proxy-Authenticate`-Header verwendet.

Code	Bedeutung
408 Request Time-out	Dieser Response-Code bedeutet, daß der Client innerhalb einer vorgegebenen Zeit (die üblicherweise in der Serverkonfiguration festgelegt wurde) keinen vollständigen Request liefern konnte. Der Server bricht daher die Netzwerkverbindung ab.
409 Conflict	Dieser Code deutet an, daß es einen Konflikt mit einem anderen Request oder der Konfiguration des Servers gibt. Informationen zum Konflikt sollten im Datenbereich der Antwort enthalten sein. Ein solcher Response-Code könnte zum Beispiel zurückgegeben werden, wenn der Request eines Clients zu Integritätsproblemen in einer Datenbank führt.
410 Gone	Dieser Code bedeutet, daß der angeforderte URL nicht länger existiert und für immer vom Server entfernt wurde.
411 Length Required	Der Server akzeptiert den Request nicht ohne einen entsprechenden Content-length-Header.
412 Precondition Failed	Die in einem oder mehreren If...-Headern geforderte(n) Bedingung(en) wurde(n) nicht erfüllt.
413 Request Entity Too Large	Der Server verarbeitet den Request nicht, weil dessen Body zu groß ist.
414 Request URL Too Long	Der Server verarbeitet den Request nicht, weil der Request-URL zu lang ist.
415 Unsupported Media Type	Der Server verarbeitet den Request nicht, weil dessen Body ein nicht unterstütztes Format verwendet.
416 Request Range Not Satisfiable	Der angeforderte Bytebereich ist nicht verfügbar und liegt außerhalb des Wertebereichs.
417 Expectation Failed	Der Server ist nicht in der Lage, die Wünsche des vom Client übergebenen Expect-Headers zu erfüllen.

Server-Fehler (Bereich 500)

Gelegentlich kann der Fehler vom Server selbst herrühren – oder, weitaus häufiger, vom CGI-Teil des Servers. CGI-Programmierer sind mit dem Code 500 (Internal Server Error) schmerzhaft vertraut, weil er häufig bedeutet, daß ihr Programm abgestürzt ist. Ein Fehler, auf den Client-Entwickler achten müssen, ist 503 (Service Unavailable). Er bedeutet, daß der Request im Moment nicht verarbeitet werden kann. Der Retry-After-Header gibt aber (wenn vorhanden) an, wann es der Client noch einmal versuchen kann.

Die folgende Tabelle enthält eine vollständige Liste aller Response-Codes, die einen Serverfehler bezeichnen:

Code	Bedeutung
500 Internal Server Error	Dieser Code zeigt an, daß ein Teil des Servers (zum Beispiel ein CGI-Programm) abgestürzt ist oder einen Konfigurationsfehler entdeckt hat.
501 Not Implemented	Dieser Code gibt an, daß der Client eine Aktion angefordert hat, die vom Server nicht ausgeführt werden kann.
502 Bad Gateway	Dieser Code gibt an, daß der Server (oder Proxy) ungültige Responses von einem anderen Server (oder Proxy) erhalten hat.
503 Service Unavailable	Dieser Code gibt an, daß der Service temporär nicht zu erreichen ist, in Zukunft aber wieder erreichbar sein wird. Wenn der Server weiß, wann er wieder erreichbar sein wird, kann auch ein Retry-After-Header angegeben werden.
504 Gateway Time-out	Diese Response entspricht 408 (Request Time-out), nur daß hier der Timeout bei einem Gateway oder Proxy aufgetreten ist.
505 HTTP Version Not Supported	Der Server unterstützt nicht die Version des HTTP-Protokolls, die im Request angegeben wurde.

Header

Es gibt vier Arten von HTTP-Headern:

- *Allgemeine Header* enthalten allgemeine Informationen wie etwa das Datum oder ob die Verbindung aufrechterhalten werden soll. Sie werden sowohl von Clients als auch von Servern verwendet.

- *Request-Header* werden nur bei Client-Requests verwendet. Sie übermitteln die Konfiguration des Clients und das gewünschte Dokumentenformat an den Server.

- *Response-Header* werden nur bei Server-Responses verwendet. Sie beschreiben die Konfiguration des Servers und enthalten Informationen zum angeforderten URL.

- *Entitäts-Header* beschreiben das Dokumentenformat der zwischen dem Client und dem Server übertragenen Daten. Zwar werden Entitäts-Header meist vom Server verwendet, wenn dieser das gewünschte Dokument zurückliefert, aber auch Clients nutzen sie im Zusammenhang mit den POST- und PUT-Methoden.

Die Header aller vier Kategorien können in jeder beliebigen Reihenfolge angegeben werden. Die Groß-/Kleinschreibung wird bei Headernamen ignoriert, d.h. der `Content-Type`-Header wird häufig auch `Content-type` geschrieben.

Allgemeine Header

Allgemeine Header werden sowohl in Client-Requests als auch in Server-Responses eingesetzt. Einige können etwas client- bzw. serverspezifischer sein.

Cache-Control: *Direktiven*

Der `Cache-control`-Header gibt das von einem Caching-System (wie es Proxy-Server verwenden) gewünschte Verhalten an. Beispiel:

```
Cache-control: no-cache
```

Client und Server verwenden den `Cache-control`-Header, um Cache-Parameter festzulegen oder um bestimmte Arten von Dokumenten aus dem Cache anzufordern. Die Caching-Direktiven werden in einer kommaseparierten Liste angegeben.

Die Cache-Request-Direktiven sind:

Direktive	Bedeutung
`no-cache`	Ein Cache kann eine Kopie des Dokuments behalten, muß diese aber immer überprüfen, bevor er sie an den Client schickt.
`no-store`	Die Information unmittelbar nach der Weiterleitung löschen. Der Cache soll nichts über den Client-Request bzw. die Server-Response festhalten. Diese Option verhindert die versehentliche Speicherung geschützter oder sensibler Informationen in einem Cache.
`max-age =` *Sekunden*	Keine Responses senden, die älter als die angegebene Anzahl von *Sekunden* sind. Der Cache kann ein im Cache liegendes Dokument senden, wenn es innerhalb der angegebenen Zeitspanne vom Server empfangen wurde.
`max-stale` [= *Sekunden*]	Der Cache kann ein im Cache liegendes Dokument übertragen, das älter als dessen Verfallsdatum ist. Wurde *Sekunden* angegeben, darf die Zeit um nicht mehr als die angegebene Zeitspanne überschritten worden sein.
`min-fresh =` *Sekunden*	Daten nur senden, wenn sie nach der angegebenen Anzahl von *Sekunden* noch aktuell sind. Der Cache kann ein Dokument nur übertragen, wenn eine Mindestanzahl von Sekunden zwischen der aktuellen Zeit und dem Ablaufdatum liegen.
`only-if-cached`	Keine neuen Daten empfangen. Der Cache kann ein Dokument nur senden, wenn es im Cache vorliegt, und darf nicht prüfen, ob es auf dem ursprünglichen Server eine neuere Kopie gibt. Diese Option ist nützlich, wenn die Netzwerkverbindung zwischen Cache und Server nicht leistungsfähig genug ist.

Cache-Response-Direktiven sind:

Direktive	Bedeutung
public	Das Dokument kann von jedem Cache-System im Cache abgelegt werden.
private	Das Dokument kann nicht von einem öffentlichen Cache verwendet werden.
no-cache	Ein Cache kann eine Kopie des Dokuments vorhalten, muß diese aber immer auf ihre Gültigkeit überprüfen, bevor er sie zum Client überträgt.
no-store	Das Dokument nicht speichern. Alle Informationen unmittelbar nach der Weiterleitung entfernen.
no-transform	Den Body nicht umwandeln. Nützlich für Anwendungen, bei denen eine Nachricht genau so empfangen werden muß, wie sie vom Server übertragen wird.
must-revalidate	Der Cache muß den Status veralteter Dokumente überprüfen, d.h., der Cache kann nicht ohne weiteres verfallene Dokumente verwenden.
proxy-revalidate	Der Client muß Daten überprüfen, wenn sie nicht aus privaten Client-Caches stammen. Öffentliche Caches müssen den Status veralteter Dokumente überprüfen. Wie must-revalidate, nur daß private Caches ausgeschlossen werden.
max-age = *Sekunden*	Das Dokument ist als veraltet zu betrachten, wenn seit der Zeit des Abrufs die angegebene Anzahl von *Sekunden* verstrichen ist.
s-maxage = *Sekunden*	Wie max-age, unterscheidet aber private und öffentliche Caches. Diese Direktive wird von privaten Caches ignoriert.

Connection: *Optionen*

Legt diese für die Verbindung gewünschten Optionen fest. Andere Proxy-Verbindungen bleiben hiervon unberührt. Beispiel:

```
Connection: close
```

Die close-Option zeigt an, daß der Client oder der Server die Verbindung beenden möchte (d.h. daß dies die letzte Transaktion ist).

Die Option `keep-alive` zeigt hingegen an, daß der Client die Verbindung aufrechterhalten möchte. Das Standardverhalten von Web-Anwendungen unterscheidet sich zwischen HTTP 1.0 und 1.1.

Standardmäßig verwendet HTTP 1.1 persistente Verbindungen, bei denen nach einer Transaktion die Verbindung nicht automatisch geschlossen wird. Hat ein HTTP-1.1-Webclient keine weiteren Requests oder erreicht der Server eine vorprogrammierte Grenze an Ressourcen, die er für den Client einsetzt, zeigt ein `Connection: close`-Header an, daß keine weiteren Transaktionen stattfinden werden, und die Verbindung wird geschlossen, sobald die aktuelle Transaktion abgeschlossen wurde. Ein HTTP-1.1-Client oder -Server, der persistente Verbindungen nicht unterstützt, muß immer den Header `Connection: close` verwenden.

HTTP 1.0 andererseits besitzt standardmäßig keine persistenten Verbindungen. Möchte ein 1.0-Client persistente Verbindungen nutzen, verwendet er den `keep-alive`-Parameter. Ein `Connection: keep-alive`-Header wird bei persistenten Verbindungen sowohl von HTTP 1.0-Clients als auch von den Servern übertragen. Die letzte Transaktion beinhaltet keinen `Connection: keep-alive`-Header und verhält sich wie ein `Connection: close`-Header unter HTTP 1.1. HTTP-1.0-Server, die persistente Verbindungen nicht unterstützen, geben keinen `Connection: keep-alive`-Header in der Response an, und der Client muß die Verbindung nach dem Abschluß der ersten Transaktion abbauen.

Die Verwendung des `keep-alive`-Parameters führt bei Proxy-Servern bekanntermaßen zu Problemen, wenn sie persistente Verbindungen für HTTP 1.0 nicht verstehen. Leitet ein Proxy-Server den `Connection: keep-alive`-Header blind weiter, verwenden der Ursprungsserver und der entsprechende Client persistente Verbindungen, der Proxy-Server aber nicht. Der Server hält die Netzwerkverbindung aufrecht, während der Proxy-Server einen Abbau erwartet, und es kommt zu Timing-Problemen.

Um das zu umgehen, müssen HTTP-1.1-Proxies, wenn sie einen HTTP-1.0-Request entdecken, alle `Connection`-Header sowie alle durch den `Connection`-Header definierten Header entfernen, bevor sie die Nachricht weiterleiten.

Date: *Datumsformat*

Es gibt drei Formate, die zur Angabe eines Datums verwendet werden können. Das bevorzugte Format ist RFC 1123. Ein Beispiel:

```
Mon, 06 May 1996 04:57:00 GMT
```

Dieses bevorzugte RFC-1123-Format gibt alle Datumsangaben in einem String fester Länge an. Die Zeitangabe basiert immer auf der GMT (Greenwich Mean Time). Die GMT wird bei HTTP immer verwendet, um Mißverständnisse zwischen Computern zu verhindern, die mit unterschiedlichen Zeitzonen arbeiten. Die gültigen Tage sind Mon, Tue, Wed, Thu, Fri, Sat und Sun. Die Monate lauten Jan, Feb, Mar, Apr, May, Jun, Jul, Aug, Sep, Oct, Nov und Dec.

Aus Gründen der Rückwärtskompatibilität sind auch die RFC-1036- und ANSI-C-*asctime()*-Formate akzeptabel, aber nicht empfehlenswert:

```
Monday, 06-May-96 04:57:00 GMT
Mon May 6 04:57:00 1996
```

Das RFC-1036-Format ähnelt dem von RFC 1123, nur daß die Länge des Strings je nach Wochentag variiert. Das Jahr wird mit zwei Ziffern angegeben und nicht mit vier. Das erschwert das Parsing von Datumsangaben. Die gültigen Tage sind Monday, Tuesday, Wednesday, Thursday, Friday, Saturday und Sunday. Die Monate lauten: Jan, Feb, Mar, Apr, May, Jun, Jul, Aug, Sep, Oct, Nov und Dec.

Das ANSI-C-*asctime()*-Format ist nicht zu empfehlen, weil es zu Mißverständnissen bezüglich der vom Computer verwendeten Zeitzone kommen kann. Die gültigen Tage sind Mon, Tue, Wed,

Thu, Fri, Sat und Sun. Die Monate lauten: Jan, Feb, Mar, Apr, May, Jun, Jul, Aug, Sep, Oct, Nov und Dec.

Trotz der eindeutigen Bevorzugung des RFC-1123-Formats sollten Webclients und -server momentan noch in der Lage sein, alle drei Formate zu erkennen. Wenn Sie hingegen Web-Programme entwerfen, ist es durchaus empfehlenswert, bei der Datumsgenerierung RFC 1123 zu verwenden. Zukünftige HTTP-Versionen könnten die beiden letztgenannten Formate nicht mehr unterstützen.

Pragma: *no-cache*

Der Pragma-Header legt die Direktiven für Proxy- und Gateway-Systeme fest. Weil zwischen dem Client und dem Server viele Proxy-Systeme liegen können, müssen Pragma-Header jeden Proxy durchlaufen. Erreicht der Pragma-Header den Server, kann er von der Server-Software ignoriert werden.

Die einzige für HTTP/1.0 definierte Direktive ist no-cache. Sie weist die Cache-Proxies an, das angeforderte Dokument vom Server abzurufen, anstatt auf die Version im lokalen Cache zurückzugreifen. Das erlaubt es dem Client, das aktuellste Dokument vom ursprünglichen Webserver anzufordern, ohne eine im Cache liegende Kopie von einem zwischengeschalteten Proxy-Server zu empfangen.

Der Pragma-Header ist ein HTTP-1.0-Feature und wird unter HTTP 1.1 aus Gründen der Rückwärtskompatibilität gepflegt. Zukünftig wird es keine neuen Pragma-Direktiven geben.

Beispiel:

```
Pragma: no-cache
```

Trailer: *Trailer-Header*

Der Trailer-Header gibt die Header im Trailer einer aus mehreren Teilen bestehenden Nachricht (chunked message) an. Dieser Header wird nicht verwendet, wenn keine Header auf eine mehrzeilige Nachricht folgen. Auch finden Sie keine `Transfer-Encoding`-, `Content-Length`- oder `Trailer`-Header als Trailer-Header.

Transfer-Encoding: *Codierungstyp*

Der `Transfer-Encoding`-Header gibt an, daß die Nachricht codiert ist. Das ist nicht mit der Inhaltscodierung (im `entity-body`-Header, der später diskutiert wird) identisch, weil die Transfercodierung eine Eigenschaft der Nachricht, nicht des Bodys ist. Beispiel:

```
Transfer-Encoding: chunked
```

In HTTP 1.1 ist `chunked` die einzig unterstützte Methode.

Die Transfercodierung `chunked` codiert eine Nachricht als Folge mehrerer Teile (Chunks), denen Entitäts-Header folgen (siehe Abbildung 6:). Chunks und Entitäts-Header sind im Body des Client-Requests oder im Body der Server-Response enthalten. Jeder Chunk enthält die Chunk-Größe als Hexadezimalwert (Basis 16), unmittelbar gefolgt von CRLF. Dann folgt der Chunk-Body, dessen Größe in der Chunk-Größe angegeben wurde. Auch hier folgt dann ein CRLF. Darauf folgende Chunks werden einer nach dem anderen spezifiziert, wobei der letzte Chunk die Länge null aufweist, gefolgt von CRLF. Entitäts-Header folgen den Chunks und werden durch CRLF in einer eigenen Zeile abgeschlossen.

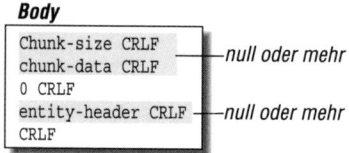

Abbildung 6: Transfercodierung Chunk

Upgrade: *Protokoll/Version*

Mit Hilfe des Upgrade-Headers kann der Client zusätzliche Protokolle angeben, die er versteht. Er teilt dem Server so mit, daß er die Konversation in einem anderen Protokoll bevorzugen würde. Will der Server das alternative Protokoll verwenden, gibt er den Response-Code 101 zurück und zeigt dann mit Hilfe des Upgrade-Headers an, zu welchem Protokoll er wechselt. Nach dem abschließenden CRLF in der Server-Response wird das Protokoll umgeschaltet.

Ausschnitt aus dem Client-Request:

```
Upgrade: HTTP/1.2
```

Ausschnitt aus der Server-Response:

```
HTTP/1.1 101 Upgrading Protocols
Upgrade: HTTP/1.2
```

Via: *Protokoll Host*

Der Via-Header wird von Proxy-Servern aktualisiert, während Nachrichten vom Client zum Server (und umgekehrt) passieren. Jeder Proxy-Server hängt sein Protokoll und die Protokollversion, den Hostnamen, die Portnummer und einen Kommentar an eine kommaseparierte Liste im Via-Header an. Wenn der Via-Header nicht existiert, wird er vom ersten Proxy angelegt. Die Information ist für Debugging-Zwecke gedacht. Ist HTTP das verwendete Protokoll, kann es auch weggelassen werden. Bei HTTP kann auch die Portnummer 80 weggelassen werden. Kommentare sind optional.

Beispiel:

```
Via: 1.1 proxy.ora.com, 1.0 proxy.internic.gov
```

Details finden Sie im Abschnitt über die TRACE-Methode.

Warning: *Code Host String*

Dieser Header liefert zusätzliche Informationen zum Statuscode, die von Caching-Proxies verwendet werden können. Beispiel:

```
Warning: Response stale
```

Das host-Feld enthält den Namen oder das Pseudonym des Servers mit einer optionalen Portnummer. Die Warncodes und ihre empfohlenen Erklärungsstrings lauten wie folgt:

Code	String	Bedeutung
110	Response stale	Die Response-Daten sind veraltet.
111	Revalidation failed	Die Response-Daten sind veraltet, weil der Proxy die Daten nicht überprüfen konnte.
112	Disconnected operation	Der Cache ist vom Netzwerk abgekoppelt.
113	Heuristic expiration	Die Daten sind älter als 24 Stunden, und der Cache hat ein Ablaufdatum über 24 Stunden gewählt.
199	Miscellaneous warning	Zusätzliche Informationen, die im Log festgehalten oder dem Benutzer gezeigt werden können.
214	Transformation applied	Der Proxy hat die Codierung oder den Medientyp des Dokuments entsprechend den Content-Encoding- oder Content-Type-Headern geändert.
299	Miscellaneous persistent warning	Zusätzliche persistente Informationen, die im Log festgehalten oder dem Benutzer gezeigt werden können.

Client-Request-Header

Header-Daten des Clients informieren den Server über die Konfiguration des Clients und die von ihm bevorzugten Dokumentenformate. Request-Header werden in Client-Nachrichten verwendet, um Informationen über den Client bereitzustellen.

Accept: *Typ/Subtyp [q=Qualitätswert]*

Gibt die vom Client bevorzugt akzeptierten Medientypen an. Beispiel:

```
Accept: text/*, image/gif
```

Mehrere Medientypen können, durch Kommata getrennt, aufgeführt werden. Der optionale *Qualitätswert* gibt, auf einer Skala von 0 bis 1, die akzeptable Qualität der akzeptierten Typen an.

Accept-Charset: *Zeichensatz [q=Qualitätswert]*

Gibt die vom Client bevorzugten Zeichensätze an. Mehrere Zeichensätze können, durch Kommata getrennt, aufgeführt werden. Der optionale *Qualitätswert* gibt, auf einer Skala von 0 bis 1, die akzeptable Qualität nicht bevorzugter Zeichensätze an. Fehlt dieser Header, geht der Server vom Standard aus, d.h. von US-ASCII und ISO-8859-1 (einer Obermenge von US-ASCII), die beide in RFC 1521 spezifiziert sind. Beispiel:

```
Accept-charset: ISO-8859-7
```

Accept-Encoding: *Codierungstypen*

Durch den `Accept-Encoding`-Header kann ein Client angeben, welche Codierungsalgorithmen er versteht. Fehlt dieser Header, überträgt der Server den Body ohne zusätzliche Codierung. Codierungsmechanismen können genutzt werden, um den Verbrauch knapper Ressourcen (auf Kosten weniger knapper Ressourcen) zu reduzieren. So können zum Beispiel große Dateien komprimiert werden, um die Übertragungszeit bei langsamen Netzwerkverbindungen zu minimieren.

In der HTTP-1.0-Spezifikation sind zwei Codierungsmechanismen definiert: *x-gzip* und *x-compress*. Mehrere Codierungsschemata können, durch Kommata getrennt, aufgeführt werden. Aus historischen Gründen sollten *gzip* und *compress* wie *x-gzip* und *x-compress* behandelt werden.

Codierungsmechanismus	Codiert durch
gzip	Jean-Loup Gaillys *GNU zip*-Komprimierungsschema
compress	Modifiziertes *Lempel-Ziv*-Komprimierungsschema
deflate	Die von PKWARE-Produkten verwendete *deflate*-Methode

Beispiel:

```
Accept-encoding: gzip
```

Es gibt keine Garantie, daß der angeforderte Codierungsmechanismus auf den vom Server zurückgegebenen Body angewandt wurde. Hat der Client einen Accept-encoding-Header angegeben, muß er den Content-encoding-Header des Servers untersuchen, um zu sehen, ob ein Codierungsmechanismus angewandt wurde. Fehlt der Content-encoding-Header, wurde kein Codierungsmechanismus angewandt.

Accept-Language: *Sprache [q=Qualitätswert]*

Gibt die vom Client bevorzugte Sprache an. Möchte ein Client die Präferenz einer bestimmten Sprache angeben, macht er das mit dem Accept-Language-Header. Besitzt ein Server das Dokument in mehreren Sprachen, sendet er es in der vom Client bevorzugten Sprache (falls vorhanden). Beispiel:

```
Accept-language: en
```

Mehrere Sprachen können, durch Kommata getrennt, angegeben werden. Der optionale *Qualitätswert* repräsentiert, auf einer Skala von 0 bis 1, die akzeptable Qualität nicht bevorzugter Sprachen. Sprachen werden mit ihren aus zwei Buchstaben bestehenden Abkürzungen angegeben (z.B. en für Englisch, de für Deutsch, fr für Französisch etc.).

Authorization: *Schema Angaben*

Übermittelt die Autorisierung des Clients, auf die Daten an einem URL zuzugreifen. Verlangt das angeforderte Dokument eine Autorisierung, gibt der Server einen `WWW-Authenticate`-Header zurück, in dem die Art der benötigten Autorisierung beschrieben wird. Der Client wiederholt dann seinen Request mit den benötigten Autorisierungsinformationen.

Die HTTP-1.0-Spezifikation definiert das Autorisierungsschema BASIC, bei dem die Autorisierungsparameter als String der Form *Benutzername:Paßwort* (codiert in Base 64) übergeben werden. Mit dem Benutzernamen webmaster und dem Paßwort zrma4v würde der Autorisierungs-Header zum Beispiel wie folgt aussehen:

```
Authorization: BASIC d2VibWFzdGVyOnpycWW1hNHY=
```

Dieser Wert wird zu webmaster:zrma4v decodiert.

Cookie: *Name=Wert*

Enthält ein Name/Wert-Paar mit für diesen URL gespeicherten Informationen. Beispiel:

```
Cookie: acct=03847732
```

Mehrere Cookies können, durch Semikolon getrennt, angegeben werden. Für Cookies unterstützende Browser finden Sie zusätzliche Informationen im Abschnitt »Cookies« an anderer Stelle in diesem Buch.

Im Zusammenhang mit diesen Headern müssen Sie bei Proxy-Servern auf folgendes achten: Set-Cookie- und Cookie-Header müssen beide durch den Proxy verbreitet werden, selbst wenn eine Seite im Cache vorliegt oder (laut If-Modified-Since-Bedingung) nicht modifiziert wurde. Der Set-Cookie-Header darf vom Proxy niemals im Cache abgelegt werden.

Expect: *Erwartung*

Dieser Header enthält die Erwartungen des Clients bezüglich des
Servers. Kann der Server diese Erwartungen nicht erfüllen, gibt er
den Statuscode 417 (Expectation Failed) zurück. Die Erwartung
muß auch von allen zwischengeschalteten Servern erfüllt werden,
d.h., alle Proxies müssen, genau wie der eigentliche Server, die
Erwartungen erfüllen oder den Statuscode 417 zurückgeben.

From: *E-Mail-Adresse*

Enthält die E-Mail-Adresse des Benutzers, der mit dem Client
arbeitet. Der From-Header hilft dem Server, fehlerhafte Requests
oder eine exzessive Ressourcen-Verwendung zu ermitteln. Beispiel:

```
From: webmaster@www.ora.com
```

Dieser Header sollte wann immer möglich übertragen werden,
aber (zur Wahrung der Privatsphäre) nicht ohne die Zustimmung
des Benutzers. Wenn ein Client die Netzwerk- oder Server-Ressourcen allerdings stark belastet, ist es ratsam, diesen Header zu
verwenden, falls ein Administrator den Kontakt mit dem Benutzer
herstellen möchte.

Host: *Hostname:Port*

Der Hostname und die optionale Portnummer des vom Client
kontaktierten Hosts. Bei der Portnummer 80 sollten der Doppelpunkt und die Portnummer weggelassen werden. Beispiel:

```
Host: www.ora.com
```

Bei einer Portnummer ungleich 80 (in diesem Beispiel 7777)
schreibt man:

```
Host: www.ora.com:7777
```

Das ist eine nützliche Möglichkeit, um anzuzeigen, welchen Server
der Client zu verwenden glaubt. Dieser Header erlaubt Multi-

home-Servern, die gleiche IP-Adresse für verschiedene DNS-Namen zu verwenden. Clients müssen diese Information unter HTTP 1.1 angeben, damit Server mit mehreren Hostnamen zwischen mehrdeutigen URLs unterscheiden können.

If-Modified-Since: *Datum*

Legt fest, daß die URL-Daten nur übertragen werden sollen, wenn sie seit dem Datum verändert wurden, das als Wert dieses Headers übergeben wurde. Nützlich beim Caching auf Client-Seite. Beispiel:

```
If-Modified-Since: Mon, 04 May 1996 12:17:34 GMT
```

Wurde das Dokument nicht verändert, gibt der Server den Code 304 zurück und zeigt so an, daß der Client die lokale Kopie verwenden soll. Das angegebene Datum muß dem Format entsprechen, das im Abschnitt zum Date-Header beschrieben wurde.

If-Match: *Entitäts-Tag*

Eine Bedingung, die die Entität nur anfordert, wenn die angegebenen Entitäts-Tags zutreffen (beachten Sie hierzu den Entitäts-Header ETag). Ein Sternchen (Asterisk, *) steht für jede Entität, und die Transaktion wird nur fortgesetzt, wenn die Entität existiert.

If-None-Match: *Entitäts-Tag*

Eine Bedingung, die die Entität nur anfordert, wenn die angegebenen Entitäts-Tags nicht zutreffen (beachten Sie hierzu den Entitäts-Header ETag). Ein Sternchen (Asterisk, *) steht für jede Entität, und die Transaktion wird nur fortgesetzt, wenn die Entität nicht existiert.

If-Range: (*Entitäts-Tag*|*Datum*)

Eine Bedingung, die nur den fehlenden Teil der Entität anfordert, wenn diese nicht verändert wurde. Wurde sie verändert, wird die gesamte Entität abgerufen. Wird zusammen mit dem Range-Header verwendet, um das Entitäts-Tag oder den Zeitpunkt der letzten Änderung eines Dokuments auf dem Server anzugeben. Beispiel:

```
If-Range: Mon, 04 May 1996 12:17:34 GMT
```

Wurde das Dokument nicht verändert, gibt der Server den Byte-Bereich zurück, der im Range-Header angefordert wurde. Andernfalls wird das gesamte neue Dokument zurückgegeben. Ein Entitäts-Tag oder ein Datum kann verwendet werden, um den Teil der Entität zu bestimmen, der bereits eingelesen wurde. Informationen zu Datumsformaten finden Sie im Abschnitt zum Date-Header.

If-Unmodified-Since: *Datum*

Legt fest, daß der Body nur übertragen werden soll, wenn das Dokument seit dem angegebenen Datum nicht verändert wurde. Beispiel:

```
If-Unmodified-Since: Tue, 05 May 1996 04:03:56 GMT
```

Das angegebene Datum muß dem Format entsprechen, das im Abschnitt über den Date-Header beschrieben wurde.

Max-Forwards: *n*

Beschränkt die Anzahl von Proxies oder Gateways, die einen Request weiterleiten können. Dieser Header ist beim Debugging mit der TRACE-Methode nützlich, wenn man Endlosschleifen vermeiden möchte. Beispiel:

```
Max-Forwards: 3
```

Ein Proxy-Server, der den Max-Forwards-Wert null (0) empfängt, muß die Request-Header im Body seiner Response zurückliefern. Details finden Sie im Abschnitt über die TRACE-Methode.

Proxy-Authorization: *Angaben*

Dient zur Identifizierung von Clients bei Proxies, die eine Autorisierung verlangen.

Range: bytes=*n-m*

Gibt den/die partiellen Bereich(e) an, der/die vom Dokument angefordert wird bzw. werden. Beispiel:

```
Range: bytes=1024-2047,4096-
```

Mehrere Bereiche können, durch Kommata getrennt, angegeben werden. Fehlt die erste Zahl in kommaseparierten Byte-Bereich(en), wird vom Ende des Dokuments aus gezählt. Fehlt die zweite Zahl, erstreckt sich der Bereich von Byte n bis zum Ende des Dokuments. Das erste Byte ist Byte 0.

Referer: *URL*

Gibt den URL des Dokuments an, das auf den angeforderten URL verwiesen hat (d.h. die Quelle des Links). Beispiel:

```
Referer: http://www.yahoo.com/Internet/
```

TE: *Transfercodierungen*

Dieser Header enthält eine kommaseparierte Liste der akzeptierten Transfercodierungen. Will man beispielsweise festlegen, daß Trailer-Felder bei verketteter Transfercodierung möglich sind, gibt man folgendes an:

```
TE: trailers
```

User-Agent: *String*

Liefert Identifikationsdaten über ein Client-Programm zurück. Hier ein Beispiel:

```
User-Agent: Mozilla 3.0b
```

Server-Response-Header

Die hier beschriebenen Response-Header werden in Server-Responses verwendet, um Informationen über den Server und die mögliche Verarbeitung von Requests zu übermitteln.

Accept-Ranges: bytes|none

Gibt die Akzeptanz von Range-Requests für einen URL an. Enthält entweder die Bereichseinheit (z.B. `bytes`) oder `none`, wenn keine Range-Requests akzeptiert werden. Beispiel:

```
Accept-Ranges: bytes
```

Age: *Sekunden*

Gibt das Alter des Dokuments in Sekunden an. Beispiel:

```
Age: 3521
```

ETag: *Entitäts-Tag*

Dieser Header gibt das Entitäts-Tag für die angeforderte Server-Ressource an. Das Entitäts-Tag ist ein eindeutiger Bezeichner (Identifier), der mit dieser Server-Ressource verknüpft ist, und kann zu Caching-Zwecken verwendet werden. Das Entitäts-Tag kann dann zusammen mit den `If-Match`- und `If-None-Match`-Request-Headern verwendet werden.

Location: *URL*

Gibt die neue Position eines Dokuments an. Kommt üblicherweise zusammen mit den Response-Codes 201 (Created), 301 (Moved Permanently), 302 (Found), 303 (See Other) und 307 (Moved Temporarily) vor. Der angegebene URL muß ein absoluter URL sein. Beispiel:

```
Location: http://www.ora.com/contacts.html
```

Proxy-Authenticate: *Schema Bereich*

Gibt das Authentifizierungsschema und die Parameter an, die der Proxy für diesen URL und die aktuelle Verbindung benötigt. Wird bei Response 407 (Proxy Authentication Required) verwendet.

Retry-After: *Datum|Sekunden*

Gibt eine Zeit an, zu der ein Server Requests verarbeiten kann. Wird zusammen mit dem Response-Code 503 (Service Unavailable) verwendet. Enthält entweder eine ganzzahlige Anzahl von Sekunden oder ein GMT-Datum (wie es beim Date-Header beschrieben wurde). Handelt es sich um einen Integerwert, gibt dieser die Anzahl von Sekunden an, die es zu warten gilt, nachdem der Request geschickt wurde. Beispiel:

```
Retry-After: 3600
Retry-After: Sat, 18 May 1996 06:59:37 GMT
```

Server: *String*

Enthält den Namen und die Versionsnummer des Servers. Beispiel:

```
Server: NCSA/1.3
```

Set-Cookie: *Name=Wert Optionen*

Enthält ein Name/Wert-Paar mit Informationen, die für diesen URL festgehalten werden sollen. Für Cookies unterstützende Browser. Beispiel:

```
Set-Cookie: acct=03845324
```

Die Optionen lauten:

Option	Bedeutung
expires = *Datum*	Das Cookie wird nach dem angegebenen Datum ungültig.
path = *Pfad*	Der URL-Bereich, für den das Cookie gilt.

Option	Bedeutung
`domain` = *Domainname*	Der Domainnamen-Bereich, für den das Cookie gilt.
`secure`	Gibt das Cookie nur über eine gesicherte Verbindung zurück.

Vary: *Header*

Gibt an, daß die Entität mehrere Quellen besitzt und daher entsprechend der angegebenen Liste von Request-Header(n) variieren kann.

```
Vary: Accept-Language, Accept-Encoding
```

Mehrere Header können, jeweils durch Kommata getrennt, angeben werden. Ein Sternchen (Asterisk, *) bedeutet, daß ein von den Request-Headern unabhängiger Faktor das zurückgegebene Dokument beeinflussen kann.

WWW-Authenticate: *Schema Bereich*

Ein Authentifizierungs-Request, der zusammen mit dem Response-Code 401 (Unauthorized) zurückgegeben wird. Er gibt für den vom Client angeforderten URL das verlangte Authentifizierungsschema sowie den Authentifizierungsbereich an. Ein Server kann viele verschiedene Authentifizierungsbereiche besitzen. Ein gängiges Authentifizierungsschema ist BASIC, bei dem ein Benutzername und ein Paßwort angefordert werden. Beispiel:

```
WWW-Authenticate: BASIC realm="Admin"
```

Wird dieser Header an den Client zurückgegeben, bedeutet das, daß die Autorisierungsdaten vom Typ BASIC für den entsprechenden Bereich im `Authorization`-Header des Clients zurückgegeben werden müssen.

Ein anderes Schema heißt *Digest*. Bei ihm wird die Sicherheit erhöht, indem man das Paßwort nicht im Klartext überträgt. Die Schemata BASIC und Digest werden in RFC 2617 beschrieben. Leider ist Digest nicht weit verbreitet, weil es nicht von allen Browsern unterstützt wird.

Windows-basierte HTTP-Server verwenden manchmal auch ein als *NTLM* bezeichnetes Schema. Es ist ebenfalls nicht so weit verbreitet wie BASIC, weil auch das NTLM-Schema nicht von allen Browsern implementiert wird.

Entitäts-Header

Entitäts-Header werden sowohl in Client-Requests als auch in Server-Responses verwendet. Sie enthalten Informationen über den in der HTTP-Nachricht enthaltenen Body.

Allow: *Methoden*

Enthält eine kommaseparierte Liste von Methoden, die für einen bestimmten URL erlaubt sind. In einer Server-Response wird dieser Header zusammen mit dem Code 405 (Method Not Allowed) verwendet, um den Client über die Methoden zu informieren, die für die angeforderten Informationen gelten. Beispiel:

```
Allow: GET, HEAD
```

Einige Methoden können auf einen URL nicht angewandt werden, und der Server muß überprüfen, ob die vom Client angegebene Methode für den gegebenen URL sinnvoll ist.

Content-Encoding: *Codierungsschemata*

Gibt das/die Codierungsschema(ta) an, das/die für den übertragenen Body verwendet wird bzw. werden. Die möglichen Werte sind *gzip* (oder *x-gzip*) und *compress* (oder *x-compress*). Werden mehrere Codierungsschemata (in einer kommaseparierten Liste) angegeben, müssen sie in der Reihenfolge angegeben werden, in der sie auf die Daten angewandt wurden.

Der Server sollte versuchen, die im `Accept-Encoding`-Header des Clients stehenden Schemata zu verwenden. Der Client kann diese

Information nutzen, um zu ermitteln, wie das Dokument nach der Übertragung zu decodieren ist.

Eine Liste der möglichen Werte finden Sie im Abschnitt über den `Accept-Encoding`-Header. Beispiel:

```
Content-Encoding: x-gzip
```

Content-Language: *Sprachen*

Gibt die Sprache(n) an, für die der übertragene Body gedacht ist. Sprachen werden mit ihren aus zwei Buchstaben bestehenden Abkürzungen angegeben (z.B. `en` für Englisch oder `fr` für Französisch). Der Server sollte versuchen, die Sprache zu verwenden, die im `Accept-Language`-Header des Clients angegeben wurde. Dieser Header ist nützlich, wenn ein Client für den angegebenen URL eine bestimmte Sprache bevorzugt. Beispiel:

```
Content-Language: fr
```

Content-Length: *n*

Dieser Header gibt die Länge der Daten im übertragenen Body an (in Bytes). Beispiel:

```
Content-Length:  47293
```

Aufgrund der dynamischen Struktur einiger Requests ist die Länge oft nicht bekannt, weshalb der Header manchmal weggelassen wird.

Content-Location: *URL*

Gibt den URL einer Entität an, falls ein Dokument mehrere Entitäten besitzt, die über verschiedene Positionen erreichbar sind. Der URL kann absolut oder relativ angegeben werden. Beispiel:

```
Content-Location: http://www.ora.com/products/
```

Beachten Sie den Abschnitt »Inhalte abrufen« weiter hinten in diesem Buch.

Content-MD5: *Digest*

Stellt einen MD5-Digest der Entität bereit. Dieser Header dient zur Identitätsprüfung der Nachricht beim Empfang. Beispiel:

```
Content-MD5: d41d8cd98f00b204e9800998ecf8427e
```

Content-Range: bytes *n-n/m*

Gibt an, wo der angehängte partielle Body eingefügt werden soll. Enthält gleichzeitig die Gesamtgröße des vollständigen Bodys. Beispiel:

```
Content-Range: bytes 6143-7166/15339
```

Content-Type: *Typ/Subtyp*

Beschreibt den Medientyp und -Subtyp eines Bodys. Verwendet die gleichen Werte wie der Accept-Header des Clients. Der Server sollte die Mediatypen zurückgeben, die den vom Client bevorzugten Formaten entsprechen. Beispiel:

```
Content-type: text/html
```

Expires: *Datum*

Gibt das Datum an, zu dem sich ein Dokument ändern kann, oder legt fest, wann die darin enthaltenen Informationen ungültig werden. Nach dieser Zeit kann sich das Dokument ändern (oder auch nicht) oder gelöscht werden. Angegeben wird ein Datumswert in einem für den Date-Header gültigen Format. Beispiel:

```
Expires: Sat, 20 May 1995 03:32:38 GMT
```

Nützlich für das Cache-Management. Der Expires-Header deutet an, daß es sehr unwahrscheinlich ist, daß sich das Dokument vor dem angegebenen Zeitpunkt ändert. Das bedeutet aber nicht, daß sich das Dokument zu dieser Zeit ändert oder gar gelöscht wird. Es handelt sich eher um einen Hinweis darauf, daß sich das Dokument bis zum angegebenen Zeitpunkt nicht ändert.

Last-Modified: *Datum*

Gibt an, wann der URL zuletzt verändert wurde. Angegeben wird
ein Datumswert in einem für den `Date`-Header gültigen Format.
Hält ein Client eine Kopie des URLs in seinem Cache vor, die älter
als das angegebene Datum ist, sollte das Dokument neu geladen
werden. Beispiel:

```
Last-Modified: Sat, 20 May 1995 03:32:38 GMT
```

Übersicht der von den HTTP-Versionen jeweils unterstützten Header

Die folgende Übersicht führt alle HTTP-Header auf, die in den entsprechenden HTTP-Versionen bislang unterstützt werden.

HTTP 0.9

Methode	Allgemein	Request	Entität	Response
GET	keine	keine	keine	keine

HTTP 1.0

Methode	Allgemein	Request	Entität	Response
GET	Connection	Accept	Allow	Location
HEAD	Date	Accept-charset	Content-encoding	Retry-after
POST	MIME-version	Accept-encoding	Content-language	Server
PUT	Pragma	Accept-language	Content-length	WWW-Authenticate
DELETE		Authoriza-tion	Content-type	
LINK		From	Expires	
UNLINK		If-modified-since	Last-modified	
		Referer	Link	
		User-agent	Title	
			URL	

HTTP 1.1

Methode	Allgemein	Request	Entität	Response
OPTIONS	Cache-control	Accept	Allow	Accept-Ranges
GET	Connection	Accept-charset	Content-encoding	Age
HEAD	Date	Accept-encoding	Content-language	Etag
POST	Pragma	Accept-language	Content-length	Location
PUT	Trailer	Authoriza-tion	Content-location	Proxy-authenticate
DELETE	Transfer-encoding	Expect	Content-md5	Retry-after
TRACE	Upgrade	From	Content-range	Server
CONNECT	Via	Host	Content-type	Vary
	Warning	If-modified-since	Expires	WWW-Authenticate
		If-match	Last-modified	
		If-none-match		
		If-range		
		If-unmodi-fied-since		
		Max-forwards		
		Proxy-autho-rization		
		Range		
		Referer TE		
		User-agent		

URL-Codierung

Wenn ein Client Daten an ein CGI-Programm sendet und dabei den Inhaltstyp *application/x-www-form-urlencoded* verwendet, werden bestimmte Sonderzeichen so codiert, daß ihre besondere Bedeutung aufgehoben wird. Tabelle 1: zeigt, welche Zeichen umgewandelt werden und welche nicht. Weitere Informationen zu URLs finden Sie in RFC 1738.

Tabelle 1: Zeichencodierung

ASCII	Symbol	CGI-Darstellung
< 32		*Immer mit* %xx *zu codieren, wobei* xx *dem Hexadezimalwert des Zeichens entspricht*
32		+ oder %20
33	!	%21
34	"	%22
35	#	%23
36	$	%24
37	%	%25
38	&	%26
39	'	%27
40	(	%28
41	)	%29
42	*	*
43	+	%2B
44	,	%2C
45	-	-
46	.	.
47	/	%2F
48	0	0
49	1	1
50	2	2
51	3	3
52	4	4
53	5	5
54	6	6

Tabelle 1: Zeichencodierung (Fortsetzung)

ASCII	Symbol	CGI-Darstellung
55	7	7
56	8	8
57	9	9
58	:	%3A
59	;	%3B
60	<	%3C
61	=	%3D
62	>	%3E
63	?	%3F
64	@	%40
65	A	A
66	B	B
67	C	C
68	D	D
69	E	E
70	F	F
71	G	G
72	H	H
73	I	I
74	J	J
75	K	K
76	L	L
77	M	M
78	N	N
79	O	O
80	P	P
81	Q	Q
82	R	R
83	S	S
84	T	T
85	U	U
86	V	V
87	W	W

Tabelle 1: Zeichencodierung (Fortsetzung)

ASCII	Symbol	CGI-Darstellung
88	X	X
89	Y	Y
90	Z	Z
91	[	%5B
92	\	%5C
93	]	%5D
94	^	%5E
95	_	_
96	`	%60
97	a	a
98	b	b
99	c	c
100	d	d
101	e	e
102	f	f
103	g	g
104	h	h
105	i	i
106	j	j
107	k	k
108	l	l
109	m	m
110	n	n
111	o	o
112	p	p
113	q	q
114	r	r
115	s	s
116	t	t
117	u	u
118	v	v
119	w	w
120	x	x

Tabelle 1: Zeichencodierung (Fortsetzung)

ASCII	Symbol	CGI-Darstellung
121	y	y
122	z	z
123	{	%7B
124	|	%7C
125	}	%7D
126	~	%7E
127		%7F
> 127		*Immer mit* %xx *zu codieren, wobei* xx *dem Hexadezimalwert des Zeichens entspricht*

Der Rest dieses Buches zeigt im Überblick, wie bestimmte HTTP-Funktionen mittels entsprechenden Headern und Statuscodes durchgeführt werden.

Client- und Server-Identifikation

Clients und Server können sich optional selbst identifizieren. Clients senden einen User-agent-Header, während Server den Server-Header übertragen. Zwar sind diese Header optional, aber die Protokollspezifikation fordert dazu auf, sie zu verwenden. Einige Vorteile sind:

- Server können für bestimmte Clients mit entsprechend angepassten Inhalten antworten. Solche Inhalte können Bugs eines bestimmten Browsers umgehen oder (wenn möglich) die fortgeschritteneren Features modernerer Browser nutzen.

- Erhebungen und Statistiken bezüglich Browser- und Server-Einsatz

- Feststellen von Client- oder Server-Software, die gegen die HTTP-Spezifikation verstößt

Allerdings gibt es auch ein Sicherheitsrisiko, wenn ein Server sich selbst identifiziert. Kennt ein Benutzer den Servertyp, ist er in der Lage, bekannte Sicherheitslücken einer bestimmten Serverversion für sich zu nutzen. Aus diesem Grund sind einige Webserver so konfiguriert, daß sie den Server-Header nicht ausgeben.

Verweisende Dokumente

Der `Referer`-Header gibt an, welches Dokument auf das aktuelle Dokument verwiesen hat. Das hilft dem Server dabei, Dokumente festzustellen, die auf fehlerhaft formulierte oder fehlende Stellen auf dem Server verweisen.

Öffnet ein Client zum Beispiel die Verbindung zu *www.ora.com* an Port 80 und sendet dann den folgenden Request:

```
GET /contact.html HTTP/1.1
Host: www.ora.com
```

könnte der Server wie folgt antworten:

```
HTTP/1.1 200 OK
Date: Tue, 04 Apr 2000 02:22:47 GMT
Last-Modified: Sat, 18 Mar 2000 17:18:22 GMT
ETag: "134e8-b2a-38d3ba5e"
Accept-Ranges: bytes
Content-Length: 2858
Connection: close
Content-type: text/html

<h1>Contact Information</h1>
<a href="http://sales.ora.com/sales.html"> Sales Department</a>
```

Der Benutzer klickt den Hyperlink an, und der Client fordert *sales.html* von *sales.ora.com* an. Dabei gibt er gleichzeitig an, daß er vom Dokument */contact.html* auf *www.ora.com* hierhin verwiesen wurde.

```
GET /sales.html HTTP/1.1
Host: sales.ora.com
Referer: http://www.ora.com/contact.html
```

Inhalte abrufen

Der `Content-length`-Header gibt die Länge der Daten (in Bytes) an, die der Server zurückliefert. Aufgrund der dynamischen Natur einiger Requests ist die `Content-length` manchmal unbekannt, weshalb dieser Header möglicherweise fehlt.

Es gibt drei typische Methoden, mit denen ein Client die Daten aus dem Body der Server-Response einlesen kann:

- Bei der ersten Methode wird die Länge des Dokuments aus dem Content-length-Header bestimmt, und dann werden dementsprechend viele Daten über die Netzwerkverbindung eingelesen. Bei dieser Methode kennt der Client die Größe des Dokuments, bevor er es abruft.

- In anderen Fällen (wenn die Größe des Dokuments so dynamisch ist, daß der Server sie nicht vorherbestimmen kann) fehlt der Content-length-Header. Wenn das passiert, liest der Client so lange Daten aus der Server-Response, bis der Server die Netzwerkverbindung unterbricht. Dieses Verfahren ist veraltet und funktioniert nur bei HTTP 1.0. Zur Generierung von Daten, ohne deren genaue Größe zu kennen, wird die nächste Methode empfohlen.

- Ein anderer Header kann angeben, wann der Body endet, beispielsweise der Transfer-Encoding-Header mit dem chunked-Parameter unter HTTP 1.1.

Bytebereiche

Unter HTTP 1.1 muß der Client den ganzen Body nicht auf einmal abrufen, sondern kann einzelne Teile abrufen, wenn der Server das erlaubt. Der Server deklariert seine Unterstützung von Bytebereichen mit Hilfe des Accept-Ranges-Headers:

```
HTTP/1.1 200 OK
[Weitere Header stehen hier]
Accept-Ranges: bytes
```

Der Client kann die Daten dann in Teilen anfordern. Beispiel:

```
GET /largefile.html HTTP/1.1
[Weitere Header stehen hier]
Range: 0-65535
```

Gibt der Server den gewünschten Teil zurück, bindet er einen Content-range-Header ein, um anzugeben, welcher Teil des Doku-

ments übertragen wird. Gleichzeitig wird dem Client dabei mitge-
teilt, wie lang die Datei insgesamt ist:

```
HTTP/1.1 200 OK
[Weitere Header stehen hier]
Content-range: 0-65535/83028576
```

Zu Caching-Zwecken kann der Client einen If-Range-Header zusammen mit einem Range-Header verwenden, um einen aktualisier-
ten Teil des Dokuments nur dann anzufordern, wenn das Dokument verändert wurde. Beispiel:

```
GET /largefile.html HTTP/1.1
[Weitere Header stehen hier]
If-Range: Mon, 02 May 1996 04:51:00 GMT
Range: 0-65535
```

Der If-Range-Header kann das Datum der letzten Modifikation
oder ein Entitäts-Tag angeben, um zu prüfen, ob das Dokument
immer noch identisch ist.

Medientypen

Eine der wichtigsten Aufgaben von Headern besteht darin, es dem
Empfänger der Daten zu ermöglichen, die Art der empfangenen
Daten zu bestimmen. Auf diese Weise kann er sie korrekt verarbeiten. Wenn ein Client nicht weiß, daß es sich bei den zurückge-
lieferten Daten um eine GIF-Grafik handelt, weiß er auch nicht,
wie sie korrekt auf dem Bildschirm abzubilden ist. Wenn er nicht
weiß, daß die Daten eine Audiosequenz darstellen, kann er auch
keine externe Hilfsanwendung starten. Zur Erkennung unter-
schiedlicher Datentypen enthält HTTP die »Internet Media Types«,
die stark an MIME-Typen erinnern, aber keine MIME-Typen sind.

Der Client teilt dem Serer mit dem Accept-Header mit, welche Medientypen er verarbeiten kann. Der Server versucht, Informationen in
einem von den Clients bevorzugten Medientyp zurückzuliefern, und
gibt den Typ der Daten im Content-type-Header zurück.

Der Accept-Header wird vom Client verwendet, um die von ihm
bevorzugten Medienformate anzugeben oder um dem Server mit-

zuteilen, daß auch ungewöhnliche Dokumenttypen akzeptiert werden. Fehlt dieser Header, geht der Server davon aus, daß der Client jeden Medientyp verarbeiten kann. Der Accept-Header kann drei allgemeine Formen annehmen:

```
Accept: */*
Accept: Typ/*
Accept: Typ/Subtyp
```

Die erste Form, */*, gibt an, daß der Client einen Body mit einem beliebigen Typ akzeptiert. Die zweite Form, *Typ/**, gibt an, daß ein Body einer bestimmten allgemeinen Klasse akzeptiert werden kann. Ein Client kann zum Beispiel Accept: image/* angeben, wenn er Grafiken akzeptiert. Der eigentliche Grafiktyp (GIF, JPEG oder was auch immer) ist dabei unerheblich. Die dritte Form gibt an, daß ein Body eines bestimmten Typs und Subtyps akzeptiert wird. Kann ein Browser zum Beispiel nur GIF-Grafiken verarbeiten, würde er Accept: image/gif verwenden.

Ein Client, der mehrere Dokumenttypen akzeptiert, gibt die jeweiligen Werte durch Kommata getrennt an:

```
Accept: image/gif, image/x-xbitmap, image/jpeg, image/pjpeg, */*
```

Einige ältere Browser senden diese Zeile wie folgt:

```
Accept: image/gif
Accept: image/x-xbitmap
Accept: image/jpeg
Accept: image/pjpeg
Accept: */*
```

Bei der Entwicklung neuer Anwendungen sollten Sie sich an die neuere Praxis halten und mehrere Dokument-Präferenzen in einem einzigen Accept-Header durch Kommata getrennt angeben.

In der Response des Servers beschreibt der Content-type-Header den Typ und den Subtyp des Mediums. Hat der Client einen Accept-Header angegeben, sollte der Medientyp den im Accept-Header verwendeten Werten entsprechen. Clients nutzen diese Informationen, um den Medientyp und das Format des Bodys korrekt zu verarbeiten.

Ein Client kann den Content-type-Header auch mit der POST- oder PUT-Methode verwenden. Üblicherweise (bei vielen CGI-Anwendungen) verwenden Clients einen POST- oder PUT-Request mit Informationen im Body und stellen einen Content-type-Header bereit, der die im Body zu erwartenden Daten beschreibt.

Tabelle 2: führt weit verbreitete Medientypen zusammen mit ihren Dateinamenerweiterungen auf, die von den meisten Servern erkannt werden. Die Server können auf einfache Weise so konfiguriert werden, daß sie zusätzliche Suffixe erkennen.

Tabelle 2: Internet-Medientypen

Typ/Subtyp	Übliche Erweiterung
application/activemessage	
application/andrew-inset	
application/applefile	
application/atomicmail	
application/cals-1840	
application/commonground	
application/cybercash	
application/dca-rft	
application/dec-dx	
application/EDI-Consent	
application/EDIFACT	
application/EDI-X12	
application/eshop	
application/hyperstudio	
application/iges	
application/mac-binhex40	
application/macwriteii	
application/marc	
application/mathematica	
application/msword	*doc*
application/news-message-id	
application/news-transmission	
application/octet-stream	*bin*

Tabelle 2: Internet-Medientypen (Fortsetzung)

Typ/Subtyp	Übliche Erweiterung
application/oda	*oda*
application/pdf	*pdf*
application/pgp-encrypted	
application/pgp-signature	
application/pgp-keys	
application/pkcs7-mime	
application/pkcs7-signature	
application/pkcs10	
application/postscript	*ai, eps, ps*
application/prs.alvestrand.titrax-sheet	
application/prs.cww	
application/prs.nprend	
application/remote-printing	
application/riscos	
application/rtf	*rtf*
application/set-payment-initiation	
application/set-payment	
application/set-registration-initiation	
application/set-registration	
application/sgml	*sgm, sgml, gml, dtd*
application/sgml-open-catalog	*soc, cat*
application/slate	
application/vemmi	
application/vnd.$commerce_battelle	
application/vnd.3M.Post-it-Notes	
application/vnd.acucobol	
application/vnd.anser-web-funds-transfer-initiation	
application/vnd.anser-web-certificate-issue-initiation	
application/vnd.audiograph	
application/vnd.businessobjects	
application/vnd.claymore	
application/vnd.comsocaller	

Tabelle 2: Internet-Medientypen (Fortsetzung)

Typ/Subtyp	Übliche Erweiterung
application/vnd.dna	
application/vnd.dxr	
application/vnd.ecdis-update	
application/vnd.ecowin.chart	
application/vnd.ecowin.filerequest	
application/vnd.ecowin.fileupdate	
application/vnd.ecowin.series	
application/vnd.ecowin.seriesrequest	
application/vnd.ecowin.seriesupdate	
application/vnd.enliven	
application/vnd.epson.salt	
application/vnd.fdf	
application/vnd.ffsns	
application/vnd.FloGraphIt	
application/vnd.framemaker	
application/vnd.fujitsu.oasys	
application/vnd.fujitsu.oasys2	
application/vnd.fujitsu.oasys3	
application/vnd.fujitsu.oasysprs	
application/vnd.fujitsu.oasysgp	
application/vnd.fujixerox.docuworks	
application/vnd.hp-hps	
application/vnd.hp-HPGL	
application/vnd.hp-PCL	
application/vnd.hp-PCLXL	
application/vnd.ibm.MiniPay	
application/vnd.ibm.modcap	
application/vnd.intercon.formnet	
application/vnd.intertrust.digibox	
application/vnd.intertrust.nncp	
application/vnd.is-xpr	
application/vnd.japannet-directory-service	
application/vnd.japannet-jpnstore-wakeup	

Tabelle 2: Internet-Medientypen (Fortsetzung)

Typ/Subtyp	Übliche Erweiterung
application/vnd.japannet-payment-wakeup	
application/vnd.japannet-registration	
application/vnd.japannet-registration-wakeup	
application/vnd.japannet-setstore-wakeup	
application/vnd.japannet-verification	
application/vnd.japannet-verification-wakeup	
application/vnd.koan	
application/vnd.lotus-wordpro	
application/vnd.lotus-approach	
application/vnd.lotus-1-2-3	
application/vnd.lotus-organizer	
application/vnd.lotus-screencam	
application/vnd.lotus-freelance	
application/vnd.meridian-slingshot	
application/vnd.mif	
application/vnd.minisoft-hp3000-save	
application/vnd.mitsubishi.misty guard.trustweb	
application/vnd.ms-artgalry	
application/vnd.ms-asf	
application/vnd.ms-excel	
application/vnd.ms-powerpoint	
application/vnd.ms-project	
application/vnd.ms-tnef	
application/vnd.ms-works	
application/vnd.music-niff	
application/vnd.musician	
application/vnd.netfpx	
application/vnd.noblenet-web	
application/vnd.noblenet-sealer	
application/vnd.noblenet-directory	
application/vnd.novadigm.EDM	
application/vnd.novadigm.EDX	

Tabelle 2: Internet-Medientypen (Fortsetzung)

Typ/Subtyp	Übliche Erweiterung
application/vnd.novadigm.EXT	
application/vnd.osa.netdeploy	
application/vnd.powerbuilder6	
application/vnd.powerbuilder6-s	
application/vnd.rapid	
application/vnd.seemail	
application/vnd.shana.informed.formtemplate	
application/vnd.shana.informed.formdata	
application/vnd.shana.informed.package	
application/vnd.shana.informed.interchange	
application/vnd.street-stream	
application/vnd.svd	
application/vnd.swiftview-ics	
application/vnd.truedoc	
application/vnd.visio	
application/vnd.webturbo	
application/vnd.wrq-hp3000-labelled	
application/vnd.wt.stf	
application/vnd.xara	
application/vnd.yellowriver-custom-menu	
application/wita	
application/wordperfect5.1	
application/x-bcpio	*bcpio*
application/x-cpio	*cpio*
application/x-csh	*csh*
application/x-dvi	*dvi*
application/x-gtar	*gtar*
application/x-hdf	*hdf*
application/x-latex	*latex*
application/x-mif	*mif*
application/x-netcdf	*nc, cdf*
application/x-sh	*sh*
application/x-shar	*shar*

Tabelle 2: Internet-Medientypen (Fortsetzung)

Typ/Subtyp	Übliche Erweiterung
application/x-sv4cpio	*sv4cpio*
application/x-sv4crc	*sv4crc*
application/x-tar	*tar*
application/x-tcl	*tcl*
application/x-tex	*tex*
application/x-texinfo	*texinfo, texi*
application/x-troff-man	*man*
application/x-troff-me	*me*
application/x-troff-ms	*ms*
application/x-troff	*t, tr, roff*
application/x-ustar	*ustar*
application/x-wais-source	*src*
application/xml	*xml, dtd*
application/x400-bp	
application/zip	*zip*
audio/32kadpcm	
audio/32kadpcm	
audio/basic	*au, snd*
audio/vnd.qcelp	*wav*
audio/x-aiff	*aif, aiff, aifc*
audio/x-wav	*wav*
image/cgm	*cgm*
image/g3fax	
image/gif	*gif*
image/ief	*ief*
image/jpeg	*jpeg, jpg, jpe*
image/naplps	
image/png	*png*
image/tiff	*tiff, tif*
image/vnd.dwg	
image/vnd.dxf	
image/vnd.fpx	
image/vnd.net-fpx	

Tabelle 2: Internet-Medientypen (Fortsetzung)

Typ/Subtyp	Übliche Erweiterung
image/vnd.svf	
image/vnd.xiff	
image/x-cmu-raster	*ras*
image/x-portable-anymap	*rpnm*
image/x-portable-bitmap	*pbm*
image/x-portable-graymap	*pgm*
image/x-portable-pixmap	*ppm*
image/x-rgb	*rgb*
image/x-xbitmap	*xbm*
image/x-xpixmap	*xpm*
image/x-xwindowdump	*xwd*
message/external-body	
message/http	
message/news	
message/partial	
message/rfc822	
model/iges	
model/mesh	
model/vnd.dwf	
model/vrml	
multipart/alternative	
multipart/appledouble	
multipart/digest	
multipart/form-data	
multipart/header-set	
multipart/mixed	
multipart/parallel	
multipart/related	
multipart/report	
multipart/voice-message	
text/enriched	
text/html	*html, htm*
text/plain	*txt*

Tabelle 2: Internet-Medientypen (Fortsetzung)

Typ/Subtyp	Übliche Erweiterung
text/richtext	*rtx*
text/sgml	*sgm, sgml, gml, dtd*
text/tab-separated-values	*tsv*
text/xml	*xml, dtd*
text/x-setext	*etx*
video/mpeg	*mpeg, mpg, mpe*
video/quicktime	*qt, mov*
video/vnd.vivo	
video/vnd.motorola.video	
video/vnd.motorola.videop	
video/x-msvideo	*qvi*
video/x-sgi-movie	*movie*

Cookies

Cookies erlauben es Webservern, Zustandsinformationen im Browser zu speichern. Sie werden häufig genutzt, um Session-Variablen, Benutzerpräferenzen oder die Identität des Benutzers festzuhalten. Cookies sind kein Teil der HTTP-Spezifikation; dennoch sind sie allgegenwärtig und werden manchmal für die korrekte Interaktion mit einigen Websites benötigt.

Cookies funktionieren wie folgt: Möchte ein Server-Programm Zustandsinformationen auf dem Client ablegen, setzt der Server in der Response an den Client einen Set-Cookie-Header ab, der den zu speichernden Wert enthält. Vom Client wird erwartet, daß er die Information aus dem Set-Cookie-Header zusammen mit der den Cookie liefernden URL oder Domain abspeichert. Bei zukünftigen Requests dieses URLs oder dieser Domain muß der Client die Cookie-Information zusammen mit dem Cookie-Header übermitteln. Der Server oder das CGI-Programm verwenden diese Information, um ein für diesen bestimmten Client speziell angepaßtes Dokument zurückzugeben. Der Server kann ein Verfallsdatum für das Cookie festlegen, oder er kann es nur innerhalb einer Session nutzen, die die aktuelle Instanz des Browsers nicht überlebt.

Ein Client könnte zum Beispiel ein Formular ausfüllen, mit dem ein neuer Account angelegt wird. Der Request könnte wie folgt aussehen:

```
POST /sales.ora.com/order.pl HTTP/1.0
[Client-Header stehen hier]

type=new&firstname=John&lastname=Smith
```

Der Server speichert diese Information zusammen mit einer neuen Account-ID und schickt sie in seiner Response zurück:

```
HTTP/1.0 200 OK
[Server-Header stehen hier]
Set-Cookie: acct=04382374;domain=.ora.com;Expires=Sun,
    16-Feb-2003 04:38:14 GMT;Path=/
```

Besucht der Browser die Site erneut, sollte der Client erkennen, daß ein Cookie benötigt wird, und daraufhin folgendes übertragen:

```
GET /order.pl HTTP/1.0
[Client-Header stehen hier]
Cookie: acct=04382374
```

Weitere Details zu Cookies finden Sie unter:

```
http://www.netscape.com/newsref/std/cookie_spec.html
```

Autorisierung

Ein Authorization-Header wird verwendet, um beschränkt verfügbare Dokumente anzufordern. Bei der ersten Anforderung des beschränkt verfügbaren Dokuments fordert der Webclient das Dokument an, ohne einen Authorization-Header zu übertragen. Wenn der Server den Zugriff auf das Dokument verweigert, gibt er die vom Client zu verwendende Autorisierungsmethode im WWW-Authenticate-Header an. Daraufhin fordert der Client das Dokument erneut an, aber diesmal mit einem entsprechenden Authorization-Header.

Der Authorization-Header besitzt die folgende allgemeine Form:

```
Authorization: SCHEMA BEREICH
```

Das allgemein unter HTTP verwendete Autorisierungsschema heißt BASIC. Bei diesem BASIC-Schema haben die Angaben das Format `Benutzername:Paßwort` und sind in Base 64 codiert. Beim Benutzernamen `webmaster` und dem Paßwort `zrqma4v` sieht der `Authorization`-Header wie folgt aus:

```
Authorization: Basic d2VibWFzdGVyOnpycW1hNHY=
```

Wird `d2VibWFzdGVyOnpycW1hNHY=` mit Base 64 decodiert, ergibt das `webmaster:zrqma4v`.

Nehmen wir zum Beispiel einen Client, der ein Dokument anfordert, das eine Autorisierung verlangt. Der Server antwortet mit dem Response-Code 401 (Unauthorized) und beschreibt im `WWW-Authenticate`-Header den Typ der verlangten Authentifizierung:

```
GET /sample.html HTTP/1.0
User-Agent: Mozilla/1.1N (Macintosh; I; 68K)
Accept: */*
Accept: image/gif
Accept: image/x-xbitmap
Accept: image/jpeg
```

Der Server erklärt, daß für den Zugriff auf den URL eine zusätzliche Autorisierung notwendig ist:

```
HTTP/1.0 401 Unauthorized
Date: Sat, 20-May-95 03:32:38 GMT
Server: NCSA/1.3
MIME-version: 1.0
Content-type: text/html
WWW-Authenticate:  BASIC realm="System Administrator"
```

Der Client sucht nun nach Authentifizierungsinformationen. Interaktive, GUI-basierte Browser können den Benutzer in einer Dialogbox nach einem Benutzernamen und einem Paßwort fragen. Andere Clients könnten diese Informationen einfach aus einer Datei oder einer Hardware-Einheit einlesen.

Der Bereich des Authentifizierungsschemas gibt den Typ der angeforderten Authentifizierung an. Jeder Bereich wird vom Webadministrator der Site definiert und steht für eine Klasse von Benutzern:

Administratoren, CGI-Programmierer, registrierte Benutzer – oder
was auch immer eine Autorisierungsklasse von einer anderen unterscheidet. Nachdem die Daten für die BASIC-Autorisierung auf-
bereitet wurden, sendet der Client den Request noch einmal, diesmal aber mit der entsprechenden Autorisierung:

```
GET /sample.html HTTP/1.0
User-Agent: Mozilla/1.1N (Macintosh; I; 68K)
Accept: */*
Accept: image/gif
Accept: image/x-xbitmap
Accept: image/jpeg
Authorization: BASIC d2VibWFzdGVyOnpycWW1hNHY=
```

Der Server prüft die Autorisierung und übermittelt nach erfolgrei-
cher Authentifizierung die angeforderten Daten:

```
HTTP/1.0 200 OK
Date: Sat, 20-May-95 03:25:12 GMT
Server: NCSA/1.3
MIME-version: 1.0
Content-type: text/html
Last-modified: Wednesday, 14-Mar-95 18:15:23 GMT
Content-length: 1029

[Body folgt hier]
```

Es gibt auch die sogenannte *Digest*-Authentifizierung. Das Digest-
Authentifizierungsschema bietet gegenüber dem BASIC-Schema
eine erhöhte Sicherheit. Leider wird das Schema von den wichtigsten Webbrowsern nicht unterstützt und Website-Betreiber neigen
dazu, es aus diesem Grund nicht zu verwenden. Es gibt aber einige
HTTP-Client-Bibliotheken, die sie nutzen.Weiterführende Informationen zum Digest-Format finden Sie in RFC 2617.

Persistente Verbindungen

Ein von HTTP 1.1 verlangtes wichtiges Feature sind persistente
Verbindungen. Persistente Verbindungen halten die Netzwerkverbindung über mehrere Transaktionen zwischen Client und Server
hinweg offen. Bei HTTP 1.0 und 1.1 steuert der Connection-Hea-

der, ob eine Netzwerkverbindung offenbleibt oder nicht. Allerdings ist das Verhalten je nach verwendeter HTTP-Version unterschiedlich.[3]

Der `Connection`-Header gibt an, ob eine Netzwerkverbindung geöffnet bleiben soll, nachdem die aktuelle Transaktion abgeschlossen wurde. Der Parameter `close` besagt, daß der Client oder der Server die Verbindung beenden möchte (d.h. daß dies die letzte Transaktion ist). Der Parameter `keep-alive` zeigt hingegen an, daß der Client die Verbindung weiterhin aufrechterhalten möchte. Unter HTTP 1.0 wird die Verbindung standardmäßig nach jeder Transaktion geschlossen, d.h., der Client muß den folgenden Header verwenden, wenn er die Verbindung für einen weiteren Request geöffnet halten möchte:

`Connection: Keep-Alive`

Unter HTTP 1.1 wird die Verbindung hingegen standardmäßig offengehalten, bis sie explizit geschlossen wird. Die Option `keep-alive` ist daher unter HTTP 1.1 unnötig. Allerdings sollten Clients den folgenden Header in ihre letzte Transaktion einfügen:

`Connection: Close`

Andernfalls bleibt die Verbindung bestehen, bis der Server die Verbindung aufgrund eines Timeouts schließt. Wie lange der Timeout bei einem Server dauert, hängt von der Konfiguration des Servers ab. Es ist wohl unnötig zu sagen, daß es rücksichtsvoller ist, die Verbindung explizit zu schließen.

Client-Caching

Um die genutzte Bandbreite und die Reaktionszeiten klein zu halten, sollten Clients nach Möglichkeit die von einem Webserver abgerufenen Daten in einem Cache zwischenspeichern.

---

3   Persistente Verbindungen sind kein Teil der HTTP-1.0-Spezifikation. Dennoch war es bei HTTP-1.0-Software üblich, persistente Verbindungen zu implementieren.

Bei Sites mit Proxy-Servern kann auch der Proxy als Cache verwendet werden. Das ermöglicht es dem Benutzer des Proxy-Servers mit Dokumenten zu arbeiten, die möglicherweise bereits von anderen Benutzern des Proxys abgerufen (und im Cache abgelegt) wurden.

Ein Problem beim Caching besteht aber darin, daß der Client oder Proxy wissen muß, wenn sich das Dokument auf dem Server ändert. HTTP stellt einen Mechanismus zum Cache-Management zur Verfügung, der auf einer Reihe von Headern basiert. Es gibt zwei allgemeine Methoden, mit denen sich feststellen läßt, ob eine Server-Ressource verändert wurde oder nicht. Eine Methode prüft die Zeit der letzten Modifikation des Dokuments. Eine andere Methode prüft, ob das mit diesem Dokument verknüpfte Entitäts-Tag verändert wurde.

Der Server kann auch die Header `Cache-Control` und `Pragma` verwenden, um dem Client die Caching-Eigenschaften zu übermitteln. Einige Dokumente eignen sich nicht zum Caching, beispielsweise aus Sicherheitsgründen oder aufgrund ihres dynamischen Inhalts (z.B. durch CGI-Skripten dynamisch generierte Dokumente). Unter HTTP 1.0 gibt der `Pragma`-Header mit dem Wert `no-cache` an, daß das Dokument nicht im Cache abgelegt werden soll. Unter HTTP 1.1 ergänzt der `Cache-Control`-Header `Pragma` um verschiedene Caching-Direktiven über `no-cache` hinaus.

If-Modified-Since

Um ein Caching von Dokumenten clientseitig zu erreichen, kann der Client den `If-Modified-Since`-Header mit der GET-Methode übergeben. Bei dieser Option fordert der Client den Server auf, die mit dem URL verknüpfte Information nur zu übertragen, wenn die Daten seit einem vom Client angegebenen Zeitpunkt geändert wurden.

Wurde das Dokument verändert, gibt der Server den Statuscode 200 zurück und übermittelt das Dokument im Body der Antwort. Anderenfalls gibt der Server den Response-Code 304 (Not Modified) zurück.

Ein If-Modified-Since-Header könnte zum Beispiel so aussehen:

If-Modified-Since: Fri, 02-Jun-95 02:42:43 GMT

Gibt der Server den Code 304 zurück, wurde das Dokument seit dem angegebenen Datum nicht geändert. Der Client kann also die im Cache gespeicherte Version nutzen. Ist das Dokument neueren Datums, schickt der Server es zusammen mit dem Code 200 (OK) zurück. Server können auch einen Last-Modified-Header einfügen, um dem Benutzer mitzuteilen, wann das Dokument zuletzt verändert wurde.

Ein weiterer verwandter Client-Header ist If-Unmodified-Since. Dieser besagt, daß das Dokument nur übertragen werden soll, wenn es seit dem angegebenen Datum *nicht* geändert wurde. Das ist nützlich, wenn Sie sicherstellen wollen, daß die Daten genau so sind, wie Sie das wollen. Wenn Sie zum Beispiel ein Dokument über GET von einem Server abrufen, Änderungen in einem Publishing-Tool vornehmen und das Dokument mit PUT wieder auf den Server schieben, können Sie den If-Unmodified-Since-Header verwenden, um sicherzustellen, daß die Änderungen vom Server nur akzeptiert werden, wenn die alte Version des Dokuments noch vorhanden ist.

Enthält die Response einen Expires-Header, bedeutet das, daß sich das Dokument vor dem im Header stehenden Zeitpunkt nicht ändern wird. Obwohl es keine Garantien gibt, bedeutet dieser Header, daß der Client den Server bis zum angegebenen Zeitpunkt nicht mehr nach dem Modifikationsdatum fragen muß.

Entitäts-Tags

In HTTP 1.1 gibt es eine neue Methode des Cache-Managements, die sog. *Entitäts-Tags*. Entitäts-Tags lösen das Problem, daß verschiedene Kopien des gleichen Dokuments auf dem Server vorliegen können. Der Server hat keine Möglichkeit zu erkennen, daß es sich um das gleiche Dokument handelt – selbst wenn der Client bereits eine Kopie des Dokuments besitzt, fordert er es vom Client doch wieder an.

Entitäts-Tags sind eindeutige Bezeichner, die mit allen Kopien eines Dokuments verknüpft werden können. Ändert sich das Dokument, ändert sich auch das Entitäts-Tag. Es ist also effizienter, das Entitäts-Tag zu prüfen als den URL oder das Datum der letzten Modifikation.

Wenn der Server Entitäts-Tags verwendet, überträgt es das Dokument zusammen mit dem `ETag`-Header. Soll der Client überprüfen, ob ein Dokument einem bestimmten Entitäts-Tag entspricht, verwendet er die Header `If-Match` und `If-None-Match`.

Index

O'Reillys Taschenbibliothek
kurz & gut

sendmail
Bryan Costales & Eric Allman, 77 Seiten, 1998, 14,80 DM
ISBN 3-89721-202-1
Die Referenz enthält alle Befehle, Optionen, Makro-Definitionen u.v.a.m. des Mail-Transfer-Agenten sendmail (V 8.8).

Perl 5, 2. Auflage
Johan Vromans, 74 Seiten, 1999, 14,80 DM
ISBN 3-89721-201-3
Übersicht über die Optionen, Operatoren, Anweisungen, Variablen, Funktionen, Ein-/Ausgabeoperationen der häufig in der Unix- und Web-Programmierung eingesetzten Programmiersprache.

Perl/Tk
Stephen O. Lidie, 120 Seiten, 1998, 14,80 DM
ISBN 3-89721-200-5
Referenz zu Perl/Tk, die sämtliche Widgets von Perl/Tk einschließlich deren Methoden und Variablen u.v.a.m. beschreibt.

Tcl/Tk
Paul Raines, 96 Seiten, 1998, 14,80 DM
ISBN 3-89721-210-2
Kompaktes Nachschlagewerk zu den Variablen von Tcl/Tk, den Optionen der verschiedenen Widgets u.v.a.m.

Python
Mark Lutz, 68 Seiten, 1999, 14,80 DM
ISBN 3-89721-216-1
Diese Sprachreferenz gibt einen Überblick über Python-Statements, Datentypen, eingebaute Funktionen, häufig verwendete Module und andere wichtige Sprachmerkmale.

Open Source
O'Reilly & Associates, Inc.
72 Seiten, 1999, 5,- DM Schutzgebühr
ISBN 3-89721-222-6
Freie Software bedeutet nicht einfach kostenlose Programme, sondern freie Verfügbarkeit der Quellkodes zur ständigen Weiterentwicklung und Verbesserung. Das Buch stellt die kontroversen Positionen innerhalb der Bewegung und die wichtigsten Projekte vor.

O'Reillys Taschenbibliothek
kurz & gut

Oracle PL/SQL
Steven Feuerstein, John Beresniewicz & Chip Dawes
98 Seiten, 1999, 14,80 DM
ISBN 3-89721-217-X

Referenz zu Oracles prozeduraler Programmiersprache PL/SQL, einschließlich der Oracle 8i Erweiterungen.

Oracle PL/SQL Built-ins
Steven Feuerstein, John Beresniewicz & Chip Dawes
68 Seiten, 1999, 14,80 DM
ISBN 3-89721-212-9

PL/SQL Built-in-Funktionen und Built-in Packages im Überblick eine handliche Referenz für Oracle-Datenbankprogrammierer und -administratoren.

Windows NT
Æleen Frisch, 70 Seiten, 1998, 14,80 DM
ISBN 3-89721-206-4

Alphabetisch geordnete Zusammenfassung aller NT-Kommandos und der wichtigsten Befehle der NT-Scriptsprache sowie eine Aufstellung von Web-Ressourcen und Software.

Stoppt Spam
Alan Schwartz & Simson Garfinkel, 75 Seiten, 1999, 14,80 DM
ISBN 3-89721-221-8

Tips, die helfen, die Flut von unerwünschten E-Mails zu stoppen: Wie man diese Mails abblockt, filtert und richtig auf sie reagiert.

O'Reillys Tierleben
Mitarbeiter von O'Reilly in den USA und Deutschland
80 Seiten, 1999, Sonderband, 5,- DM Schutzgebühr
ISBN 3-89721-220-X

Informationen zu den faszinierendsten Covertieren der O'Reilly-Bücher sowie zur Coveridee und der Geschichte des Verlags.

Smileys
David Sanderson, 96 Seiten, 1995, 9,90 DM, ISBN 3-930673-06-1

Für den täglichen Gebrauch oder zum Schmunzeln und Entspannen: 650 Smilys und ihre Bedeutungen.